全国普法学习读本

农村经济法律法规读本

信用合作法律法规学习读本

# 信用合作法律法规

李勇 主编

汕头大学出版社

## 图书在版编目（CIP）数据

信用合作法律法规 / 李勇主编. -- 汕头：汕头大学出版社（2021.7重印）
（信用合作法律法规学习读本）
ISBN 978-7-5658-3202-4

Ⅰ. ①信… Ⅱ. ①李… Ⅲ. ①农村-信用合作社-金融法-中国-学习参考资料 Ⅳ. ①D922.282.4

中国版本图书馆CIP数据核字（2017）第254801号

信用合作法律法规　　　　　XINYONG HEZUO FALÜ FAGUI

主　　编：李　勇
责任编辑：邹　峰
责任技编：黄东生
封面设计：大华文苑
出版发行：汕头大学出版社
　　　　　广东省汕头市大学路243号汕头大学校园内　邮政编码：515063
电　　话：0754-82904613
印　　刷：三河市南阳印刷有限公司
开　　本：690mm×960mm 1/16
印　　张：18
字　　数：226千字
版　　次：2017年10月第1版
印　　次：2021年7月第2次印刷
定　　价：59.60元（全2册）
ISBN 978-7-5658-3202-4

版权所有，翻版必究
如发现印装质量问题，请与承印厂联系退换

# 前　言

习近平总书记指出："推进全民守法，必须着力增强全民法治观念。要坚持把全民普法和守法作为依法治国的长期基础性工作，采取有力措施加强法制宣传教育。要坚持法治教育从娃娃抓起，把法治教育纳入国民教育体系和精神文明创建内容，由易到难、循序渐进不断增强青少年的规则意识。要健全公民和组织守法信用记录，完善守法诚信褒奖机制和违法失信行为惩戒机制，形成守法光荣、违法可耻的社会氛围，使遵法守法成为全体人民共同追求和自觉行动。"

中共中央、国务院曾经转发了中央宣传部、司法部关于在公民中开展法治宣传教育的规划，并发出通知，要求各地区各部门结合实际认真贯彻执行。通知指出，全民普法和守法是依法治国的长期基础性工作。深入开展法治宣传教育，是全面建成小康社会和新农村的重要保障。

普法规划指出：各地区各部门要根据实际需要，从不同群体的特点出发，因地制宜开展有特色的法治宣传教育坚持集中法治宣传教育与经常性法治宣传教育相结合，深化法律进机关、进乡村、进社区、进学校、进企业、进单位的"法律六进"主题活动，完善工作标准，建立长效机制。

特别是农业、农村和农民问题，始终是关系党和人民事业发展的全局性和根本性问题。党中央、国务院发布的《关于推进社会主义新农村建设的若干意见》中明确提出要"加强农村法制建设，深入开展农村普法教育，增强农民的法制观念，提高农民依法行使权利和履行义务的自觉性。"多年普法实践证明，普及法律知识，提高法制观念，增强全社会依法办事意识具有重要作用。特别是在广大农村进行普法教育，是提高全民法律素质的需要。

多年来，我国在农村实行的改革开放取得了极大成功，农村发生了翻天覆地的变化，广大农民生活水平大大得到了提高。但是，由于历史和社会等原因，现阶段我国一些地区农民文化素质还不高，不学法、不懂法、不守法现象虽然较原来有所改变，但仍有相当一部分群众的法制观念仍很淡化，不懂、不愿借助法律来保护自身权益，这就极易受到不法的侵害，或极易进行违法犯罪活动，严重阻碍了全面建成小康社会和新农村步伐。

为此，根据党和政府的指示精神以及普法规划，特别是根据广大农村农民的现状，在有关部门和专家的指导下，特别编辑了这套《全国普法学习读本》。主要包括了广大人民群众应知应懂、实际实用的法律法规。为了辅导学习，附录还收入了相应法律法规的条例准则、实施细则、解读解答、案例分析等；同时为了突出法律法规的实际实用特点，兼顾地方性和特殊性，附录还收入了部分某些地方性法律法规以及非法律法规的政策文件、管理制度、应用表格等内容，拓展了本书的知识范围，使法律法规更"接地气"，便于读者学习掌握和实际应用。

在众多法律法规中，我们通过甄别，淘汰了废止的，精选了最新的、权威的和全面的。但有部分法律法规有些条款不适应当下情况了，却没有颁布新的，我们又不能擅自改动，只得保留原有条款，但附录却有相应的补充修改意见或通知等。众多法律法规根据不同内容和受众特点，经过归类组合，优化配套。整套普法读本非常全面系统，具有很强的学习性、实用性和指导性，非常适合用于广大农村和城乡普法学习教育与实践指导。总之，是全国全民普法的良好读本。

# 目　　录

## 国家企业信用信息公示系统使用
## 运行管理办法（试行）

第一章　总　则 ……………………………………………（2）
第二章　信息归集与公示 …………………………………（3）
第三章　信息共享与应用 …………………………………（4）
第四章　系统运行与保障 …………………………………（5）
第五章　责任追究 …………………………………………（6）
第六章　附　则 ……………………………………………（6）
附　录
　　社会组织统一社会信用代码实施方案（试行）………（7）
　　民政部办公厅　国家质量监督检验检疫总局办公厅
　　　　关于已登记管理的社会组织统一社会信用代码
　　　　处理方式的通知 ………………………………（12）
　　民政部办公厅关于全面推进社会组织统一社会信用
　　　　代码制度建设有关事项的通知 ………………（14）
　　关于加快推进失信被执行人信用监督、警示和惩戒
　　　　机制建设的意见 ………………………………（17）
　　食品安全信用信息管理办法 ……………………………（30）
　　国家发展和改革委员会　交通运输部公安部等关于
　　　　加强交通出行领域信用建设的指导意见 ……（35）

— 1 —

环境保护部　国家发展和改革委员会关于加强企业环境
　信用体系建设的指导意见 ················· （42）
纳税信用管理办法（试行） ·················· （55）
社会信用体系建设规划纲要（2014—2020年） ········ （64）

# 农村信用合作社财务管理实施办法

第一章　总　　则 ······················ （94）
第二章　所有者权益和负债 ················· （95）
第三章　固定资产 ······················ （97）
第四章　现金资产 ····················· （103）
第五章　贷　　款 ····················· （103）
第六章　抵债资产 ····················· （105）
第七章　投资及证券 ···················· （109）
第八章　其他类资产 ···················· （110）
第九章　成　　本 ····················· （112）
第十章　营业收入、利润及分配 ·············· （119）
第十一章　外币业务 ···················· （121）
第十二章　信用社清算 ··················· （122）
第十三章　财务报告与财务评价 ·············· （124）
第十四章　附　　则 ···················· （126）
附　录
　农村信用合作社农户联保贷款指引 ············ （127）
　农村信用合作社贷款呆帐核销暂行规定 ·········· （133）

# 国家企业信用信息公示系统使用运行管理办法（试行）

工商总局关于印发《国家企业信用信息公示系统使用运行管理办法（试行）》的通知

工商办字〔2017〕104号

各省、自治区、直辖市工商行政管理局、市场监督管理部门：

为规范国家企业信用信息公示系统使用、运行和管理，充分发挥其在服务社会公众和加强事中事后监管中的作用，促进社会信用体系建设，总局在广泛调研、深入分析的基础上，起草形成了《国家企业信用信息公示系统使用运行管理办法（试行）》，现予印发，请遵照执行。

工商总局
2017年6月27日

# 第一章 总 则

**第一条** 为规范国家企业信用信息公示系统（以下简称"公示系统"）使用、运行和管理，充分发挥其在服务社会公众和加强事中事后监管中的作用，促进社会信用体系建设，根据《企业信息公示暂行条例》《政府部门涉企信息统一归集公示工作实施方案》等有关规定，制定本办法。

**第二条** 公示系统的使用、运行和管理，适用本办法。

**第三条** 公示系统是国家的企业信息归集公示平台，是企业报送并公示年度报告和即时信息的法定平台，是工商、市场监管部门（以下简称工商部门）实施网上监管的操作平台，是政府部门开展协同监管的重要工作平台。

公示系统部署于中央和各省（区、市，以下简称省级），各省级公示系统是公示系统的组成部分。

**第四条** 公示系统的使用、运行和管理，应当遵循科学合理、依法履职、安全高效的原则，保障公示系统的正常运行。

**第五条** 国家工商行政管理总局（以下简称工商总局）负责公示系统运行管理的组织协调、制度制定和具体实施工作。各省级工商部门负责本辖区公示系统运行管理的组织协调、制度制定和具体实施工作。

**第六条** 工商总局和各省级工商部门企业监管机构负责公示系统使用、运行、管理的统筹协调，研究制定信息归集公示、共享应用、运行保障等相关管理制度和业务规范并督促落实；

信息化管理机构负责公示系统数据管理、安全保障及运行维护的技术实施工作及相关技术规范的制定。

## 第二章 信息归集与公示

第七条 工商部门应当将在履行职责过程中产生的依法应当公示的涉企信息在规定时间内归集到公示系统。

第八条 工商部门应在公示系统中通过在线录入、批量导入、数据接口等方式，为其他政府部门在规定时间内将依法应当公示的涉企信息归集至公示系统提供保障。

各级工商部门企业监管机构负责组织协调其他政府部门依法提供相关涉企信息；信息化管理机构负责归集其他政府部门相关涉企信息的技术实现。

第九条 各级工商部门负责将涉及本部门登记企业的信息记于相对应企业名下。

第十条 工商总局负责定期公布《政府部门涉企信息归集资源目录》，制定《政府部门涉企信息归集格式规范》，各级工商部门按照标准归集信息。

省级工商部门应当将其归集的信息，按规定时间要求及时汇总到工商总局。汇总的信息应与其在本辖区公示系统公示的信息保持一致。

第十一条 工商部门应当将本部门履行职责过程中产生的依法应当公示的涉企信息，以及归集并记于企业名下的其他政府部门涉企信息，在规定时间内通过公示系统进行公示。

公示的企业信息涉及国家秘密、国家安全或者社会公共利益的，应当经主管的保密行政管理部门或者国家安全机关批准。公示的县级以上地方人民政府有关部门企业信息涉及企业商业秘密或者个人隐私的，应当经其上级主管部门批准。

第十二条　在公示系统上归集公示涉企信息，应当按照"谁产生、谁提供、谁负责"的原则，由信息提供方对所提供信息的合法性、真实性、完整性、及时性负责。

## 第三章　信息共享与应用

第十三条　工商部门应当在公示系统中通过在线查询、数据接口、批量导出等方式，为网络市场监管信息化系统提供数据支持，为其他政府部门获取信息提供服务。

第十四条　工商部门依法有序开放公示系统企业信息资源，鼓励社会各方合法运用企业公示信息，促进社会共治。

各级工商部门开放公示系统归集公示的本辖区内企业信用信息，应当履行审批程序；开放超出本辖区范围企业信息资源的，应当取得相应上级工商部门的批准。

第十五条　各级工商部门在履行职责过程中，应当使用公示系统开展信用监管、大数据分析应用等工作。

第十六条　各级工商部门应当使用公示系统，与其他政府部门交换案件线索、市场监管风险预警等信息，并开展"双随机、一公开"等协同监管工作。

第十七条　工商部门应当依法依规或经提请，将记于企业名下的不良信息交换至相关政府部门和其他组织，为其在政府采购、工程招投标、国有土地出让、授予荣誉称号等工作中实施信用约束提供数据支持。

第十八条 工商部门应当为社会各方广泛使用公示系统提供相应的技术条件，扩大企业信息在公共服务领域中的应用。

## 第四章 系统运行与保障

第十九条 工商总局负责中央本级公示系统建设工作。各省级工商部门应当按照工商总局制定的技术规范统一建设本辖区公示系统。

各省级工商部门按照"统一性与开放性相结合的原则"，可以在本辖区公示系统的协同监管平台中增加功能模块或在规定的功能模块中增加相应功能。

第二十条 工商总局及省级工商部门负责本级公示系统日常运行维护，保障公示系统的正常运行。

第二十一条 工商总局负责公示系统在国务院各部门及各省级工商部门的使用授权，各省级工商部门负责本辖区公示系统在辖区内政府部门及各级工商部门的使用授权。

第二十二条 工商总局及省级工商部门应当按照信息系统安全等级保护基本要求（GB/T 22239-2008）中关于第三级信息系统的技术要求和管理要求，建立公示系统安全管理制度，落实安全保障措施，加强日常运行监控，做好安全防护。

第二十三条 工商总局负责制定公示系统数据相关制度、标准和规范，开展数据质量监测、检查及考核，定期通报数据质量考核情况；各省级工商部门负责本辖区公示系统数据质量监测，问题数据追溯、校核、纠错、反馈等工作，对工商总局发现的公示系统中的问题数据，应当及时处理、更新。

第二十四条 归集于企业名下并公示的其他政府部门涉企信息发生异议的，由负责记于企业名下的工商部门协调相关信息提供部门进行处理，并将处理后的信息及时推送到公示系统。

其他信息的异议处理按照《企业信息公示暂行条例》的规定执行。

第二十五条 工商总局负责制定公示系统使用运行管理考核办法及标准，组织对省级工商部门落实相关职责的考核工作。

省级工商部门负责组织对辖区内各级工商部门使用公示系统情况的考核工作。

## 第五章　责任追究

第二十六条 各级工商部门及其工作人员在使用、管理公示系统过程中，因违反本办法导致提供信息不真实、不准确、不及时，或利用工作之便违法使用公示系统信息侵犯企业合法权益，情节严重或造成不良后果的，依法追究责任。

第二十七条 公民、法人或者其他组织非法获取或者修改公示系统信息的，依法追究责任。

## 第六章　附　　则

第二十八条 依托公示系统归集公示、共享应用个体工商户、农民专业合作社信息等工作，参照本办法执行。

第二十九条 本办法由工商总局负责解释。

第三十条 本办法自印发之日起施行。

# 附　录

## 社会组织统一社会信用代码实施方案（试行）

民政部办公厅关于印发《社会组织统一社会
信用代码实施方案（试行）》的通知

民办函〔2015〕468号

各省、自治区、直辖市民政厅（局），各计划单列市民政局，新疆生产建设兵团民政局：

按照《国务院关于批转发展改革委等部门法人和其他组织统一社会信用代码制度建设总体方案的通知》（国发〔2015〕33号）要求，为推进统一社会信用代码制度建设工作，现将《社会组织统一社会信用代码实施方案（试行）》印发给你们，请结合实际认真贯彻落实。

民政部办公厅

2015年12月30日

按照《国务院关于批转发展改革委等部门法人和其他组织

统一社会信用代码制度建设总体方案的通知》（国发〔2015〕33号）要求，为做好社会组织统一社会信用代码工作，制定本方案。

一、任务目标

实施统一社会信用代码（以下简称"统一代码"）制度，统筹码段资源管理，稳步实施源头赋码，准确制发统一代码，建立存量映射关系，规范基础业务报表，加强社会组织信息发布，推动统一代码的应用。

二、实现路径

（一）分配主体标识码码段，制成统一代码。

省级民政部门取得主体标识码码段后，根据本省各级登记管理机关五年内各类社会组织发展所需数量，利用统一下发的全国社会组织统一社会信用代码制发系统，分配省本级和地级、县级码段，并生成各类《社会组织统一代码使用一览表》。

有全省统一业务管理系统的，通过系统进行统一代码的分发和使用；没有全省统一业务管理系统的，将已生成的《社会组织统一代码一览表》逐级发放。

建议省级民政部门将本省主体标识码总量的四分之一作为预留码。

（二）使用统一的基础业务报表。

各地将业务报表分为基础部分和扩展部分，基础部分全国统一使用，扩展部分各地根据工作需要自行制定。全省的业务报表尽量统一，以便汇总全省社会组织的信息。

（三）印制并换发新的社会组织登记证书。

各地按照《民政部关于改变社会组织登记证书印制及征订

方式的通知》中的标准执行。

对于新成立的社会组织赋予统一代码，颁发新证书，只打印统一代码。

对于已登记的社会组织，利用变更、备案、年检、证书到期、会议培训、评估表彰等机会，进行逐步有序换发新证书。

（四）建立统一代码与登记证号的映射关系。

映射关系的建立是后期业务办理和及时换发证书的基础。各地取得统一代码后，对于已登记管理的社会组织，要建立起统一代码与登记证号的映射关系，完成统一代码的预赋工作。有业务系统的地方要在数据库中增加"统一代码"数据项，将统一代码与登记证号关联使用，逐步建立起以统一代码为主键的新数据库；没有业务系统的地方要建立统一代码与登记证号映射表。

（五）改造业务管理系统，加强统一代码应用。

对于有业务管理系统的地方，要改造业务系统中所有涉及的功能，如网上填报、审批、数据中心、证书打印、查询统计、信息汇总和交换共享等。改造后的业务管理系统要实现以统一代码为索引的各项应用功能。在法人库、社会信用信息化工程，以及其它信息系统建设和改造中，要将统一代码设为数据库主键，并作为部门间信息交换共享的唯一标识。

（六）建立健全信息发布和共享机制。

统一代码赋予社会组织后，省级以下民政部门要将其组织名称、统一代码、原登记证号（指存量社会组织）、登记管理机关、登记时间、组织类型、法定代表人、住所、状态等基本信息逐级汇总至省级民政部门。省级汇总全省信息后发布至全国统一信用信息共享交换平台，以便部里掌握全国情况，同时实现《方案》中关于信息回传、社会公开、互联共享等方面的要求。

各地要根据不同的工作条件，注意把握相应的信息发布时限。

省级民政部门没有信息汇集和发布平台的，可利用法人库项目或其它信息化项目的名义申请经费，抓紧建设。

三、进度安排

鉴于各地信息化工作条件不同，具体工作进度安排，由各省（自治区、直辖市）根据实际情况在实施方案中进行明确。

全国总体进度安排如下：

（一）2015年底前完成统一代码实施准备工作。

（二）2016年1月1日起，对新批准成立、办理变更业务的社会组织赋予统一代码，发放新登记证书并发布公告。

（三）2016年—2017年，通过各种登记管理业务办理，对存量社会组织进行换发新证书并发布公告。

（四）2017年底前，完成全部社会组织的证书换发和公告发布。

四、保障措施

（一）成立全省统一代码实施工作领导小组。

省级民政部门主要业务负责人牵头，成立全省统一代码实施工作领导小组，制订本省具体实施方案，统筹安排，明确任务分工，责任到人。各地成立工作领导小组后，将负责人和联系人名单报部民间组织管理局。

（二）建立各级工作组。

在领导小组的指导下，各级民政部门建立专门的工作组，指派专人负责统一代码实施工作中的综合协调、工作落实、信息汇总和传送、检查指导、宣传引导等事项。

（三）申请工作经费。

按照国发〔2015〕33号文件要求，统一代码制度建设所需经费纳入同级政府预算。各级民政部门积极向财政部门申请统一代码制度建设过程中所需各种经费，纳入财政预算。

（四）加强沟通汇报。

在统一代码实施工作中遇到困难和问题时，及时与地方发展改革委沟通，并向上级民政部门汇报。

## 民政部办公厅 国家质量监督检验检疫总局办公厅关于已登记管理的社会组织统一社会信用代码处理方式的通知

民办函〔2016〕52号

各省、自治区、直辖市、计划单列市、新疆生产建设兵团民政厅（局）、质量技术监督局（市场监督管理部门）：

为贯彻落实《国务院关于批转发展改革委等部门法人和其他组织统一社会信用代码制度建设总体方案的通知》（国发〔2015〕33号），根据全国组织机构代码管理中心《关于向民政部提交组织机构代码存量数据的函》（组代管中函〔2015〕115号）中"按照已登记的机构沿用原组织机构代码作为主体标识码的原则，完成存量数据向统一社会信用代码数据的转换"的要求，现将已登记管理的社会组织实施统一社会信用代码的有关事项通知如下：

一、省级社会组织登记管理机关尽快将全省（区、市）各级登记管理机关在2016年1月1日前登记的社会组织基本信息（如社会组织名称、登记证号、组织机构代码、组织类型、法定代表人、住所、登记管理机关名称、登记管理机关行政区划代码等）提供给省级组织机构代码管理机构进行核查。省级组织机构代码管理机构尽快完成核查工作。因各地信息化手段不一，基本信息的内容、格式、交换方式等由各地协商确定。

二、对于核查后可确认组织机构代码的社会组织，由组织机构代码管理机构实现对统一社会信用代码的批量转换，并交付社会组织登记管理机关使用。若此类社会组织已领取了由新组织机构代码码段生成的统一社会信用代码证书，登记管理机关需重新发放。

三、对于核查后无法确认组织机构代码的社会组织，登记管理机关直接赋予由新组织机构代码码段生成的统一社会信用代码。

四、各地社会组织登记管理机关要与组织机构代码管理机构加强沟通，相互配合，共同完成统一社会信用代码转换和实施工作，为下一步信息回传工作打下基础。对工作中出现的新情况、新问题请及时反馈。

民政部办公厅<br>
质检总局办公厅<br>
2016年2月2日

# 民政部办公厅关于全面推进社会组织统一社会信用代码制度建设有关事项的通知

民办函〔2017〕84号

各省、自治区、直辖市民政厅（局），新疆生产建设兵团民政局，各全国性社会组织：

为完成国务院关于2017年底前建成全国统一社会信用代码制度、推进多证合一的任务部署，实现全国各级社会组织统一社会信用代码（以下简称"统一代码"）转换，现将有关事项通知如下：

一、完成存量代码赋码

对2016年1月1日前成立的社会组织，按原组织机构代码进行存量代码转换；若存量代码信息不清，以社会组织实际持有的组织机构代码证为准；若无组织机构代码证，可让该组织提供书面材料说明情况后，直接赋予新码。各级民政部门不迟于2017年4月底前完成该项任务，并将电子数据逐级汇总上报。

二、完成代码信息回传

按照"一个库、一张网、一条路径"回传原则，民政部牵头建成全国社会组织统一代码信息系统，各级民政部门通过网页登陆或系统对接方式，在线完成信息填录、报送、查询、汇总、打印等功能应用，实现数据自动回传。民政部分类、分批次部署使用；各地应于3月底前与部商定部署方案，6月底前完成覆盖区县的账号分发、人员培训、在线填报、数据导入以及基本条件保障等工作。下半年全国数据集成后，由部直接回传全国信用信息共享交换平台并反馈地方，减轻地方层层上报、多头报送负担。全国系统运行前，各地仍按原有路径、字段要求回传数据。

三、完成证书换发

2018年1月1日起，社会组织原机构代码证、未加载统一代码的法人登记证书失效，办理银行开户、车辆购置、税务登记等一系列手续，必须使用加载统一代码的新登记证书。各地要通过文件、会议、电话、短信、网站公告、微信群等方式广而告之，督促社会组织主动换领证书，强调证书换发的国家强制性和多证合一的紧迫性、便利性；要通过社会组织年检、变更登记、评估等时机换发新证，不得收取证书换发费用。各社会组织应于2017年10月1日前完成新证换领。对于逾期未领证书的社会组织，加强催告；对其中多年不参加年检、联系不上的"僵尸组织"，依法作出行政处罚，纳入社会组织信用管理。

四、推广统一代码使用

统一代码是社会组织在全国范围内唯一的、终身不变的法定身份识别码，社会组织要自觉加强使用；各地民政部门要会同发展改革、质检等部门，树立和保障统一代码使用的权威性，引导社会组织尽快使用统一代码。倡导社会组织在其网站、杂志、文件、宣传品及负责人名片等载体上展现本组织统一代码，以便公众登陆社会组织查询平台（全国查询平台的官网为cx.chinanpo.gov.cn，官微为"中国社会组织动态"）进行真伪甄别。

五、加强沟通协调与督促检查

民政部加强技术保障与业务指导，配合国家发展改革委建立月报、督查机制，并将统一代码制度建设纳入今年各地社会组织工作评估范围，对工作成绩突出的部门、个人予以通报表扬，对逾期未完成的予以通报批评。各省级民政部门推进本级社会组织统一代码制度建设的同时，要主动与信用体系牵头部门、代码管理部门沟通协调，加强对地市、区县工作督导、通报与数据汇总，加快统一代码信息系统应用覆盖，助推形成全国社会组织法人库的预备库。各级社会组织登记管理机关及民政登记审批窗口，要认真践行"民政为民、民政爱民"理念，将统一代码制度实施纳入今年工作部署，及时、耐心解决社会组织换码换证遇到的问题，着力提升工作效能与群众满意度，推进社会组织统一社会信用代码顺利实施。

民政部办公厅
2017年3月23日

# 关于加快推进失信被执行人信用监督、警示和惩戒机制建设的意见

《关于加快推进失信被执行人信用监督、警示和惩戒机制建设的意见》是为加快推进失信被执行人信用监督、警示和惩戒机制建设提出的指导性意见。由中共中央办公厅、国务院办公厅于2016年9月25日印发并实施。

人民法院通过司法程序认定的被执行人失信信息是社会信用信息重要组成部分。对失信被执行人进行信用监督、警示和惩戒，有利于促进被执行人自觉履行生效法律文书确定的义务，提高司法公信力，推进社会信用体系建设。为加快推进失信被执行人信用监督、警示和惩戒机制建设，现提出以下意见。

一、总体要求

（一）指导思想

全面贯彻落实党的十八大和十八届三中、四中、五中全会精神，深入学习贯彻习近平总书记系列重要讲话精神，紧紧围绕统筹推进"五位一体"总体布局和协调推进"四个全面"战略布局，牢固树立新发展理念，按照培育和践行社会主义核心价值观、推进信用信息共享、健全激励惩戒机制、提高全社会诚信水平的有关要求，进一步提高人民法院执行工作能力，加快推进失信被执行人跨部门协同监管和联合惩戒机制建设，构建一处失信、处处受限的信用监督、警示和惩戒工作体制机制，

维护司法权威，提高司法公信力，营造向上向善、诚信互助的社会风尚。

（二）基本原则

——坚持合法性。对失信被执行人信用监督、警示和惩戒要严格遵照法律法规实施。

——坚持信息共享。破除各地区各部门之间以及国家机关与人民团体、社会组织、企事业单位之间的信用信息壁垒，依法推进信用信息互联互通和交换共享。

——坚持联合惩戒。各地区各部门要各司其职，相互配合，形成合力，构建一处失信、处处受限的信用监督、警示和惩戒体系。

——坚持政府主导和社会联动。各级政府要发挥主导作用，同时发挥各方面力量，促进全社会共同参与、共同治理，实现政府主导与社会联动的有效融合。

（三）建设目标

到2018年，人民法院执行工作能力显著增强，执行联动体制便捷、顺畅、高效运行。失信被执行人名单制度更加科学、完善，失信被执行人界定与信息管理、推送、公开、屏蔽、撤销等合法高效、准确及时。失信被执行人信息与各类信用信息互联共享，以联合惩戒为核心的失信被执行人信用监督、警示和惩戒机制高效运行。有效促进被执行人自觉履行人民法院生效裁判确定的义务，执行难问题基本解决，司法公信力大幅提升，诚实守信成为全社会共同的价值追求和行为准则。

二、加强联合惩戒

（一）从事特定行业或项目限制

1. 设立金融类公司限制。将失信被执行人相关信息作为设立银行业金融机构及其分支机构，以及参股、收购银行业金融机构审批的审慎性参考，作为设立证券公司、基金管理公司、期货公司审批，私募投资基金管理人登记的审慎性参考。限制失信被执行人设立融资性担保公司、保险公司。

2. 发行债券限制。对失信被执行人在银行间市场发行债券从严审核，限制失信被执行人公开发行公司债券。

3. 合格投资者额度限制。在合格境外机构投资者、合格境内机构投资者额度审批和管理中，将失信状况作为审慎性参考依据。

4. 股权激励限制。失信被执行人为境内国有控股上市公司的，协助中止其股权激励计划；对失信被执行人为境内国有控股上市公司股权激励对象的，协助终止其行权资格。

5. 股票发行或挂牌转让限制。将失信被执行人信息作为股票发行和在全国中小企业股份转让系统挂牌公开转让股票审核的参考。

6. 设立社会组织限制。将失信被执行人信息作为发起设立社会组织审批登记的参考，限制失信被执行人发起设立社会组织。

7. 参与政府投资项目或主要使用财政性资金项目限制。协助人民法院查询政府采购项目信息；依法限制失信被执行人作为供应商参加政府采购活动；依法限制失信被执行人参与政府投资项目或主要使用财政性资金项目。

（二）政府支持或补贴限制

1. 获取政府补贴限制。限制失信被执行人申请政府补贴资金和社会保障资金支持。

2. 获得政策支持限制。在审批投资、进出口、科技等政策支持的申请时,查询相关机构及其法定代表人、实际控制人、董事、监事、高级管理人员是否为失信被执行人,作为其享受该政策的审慎性参考。

(三) 任职资格限制

1. 担任国企高管限制。失信被执行人为个人的,限制其担任国有独资公司、国有资本控股公司董事、监事、高级管理人员,以及国有资本参股公司国有股权方派出或推荐的董事、监事、高级管理人员;已担任相关职务的,按照有关程序依法免去其职务。

2. 担任事业单位法定代表人限制。失信被执行人为个人的,限制其登记为事业单位法定代表人。

3. 担任金融机构高管限制。限制失信被执行人担任银行业金融机构、证券公司、基金管理公司、期货公司、保险公司、融资性担保公司的董事、监事、高级管理人员。

4. 担任社会组织负责人限制。失信被执行人为个人的,限制其登记或备案为社会组织负责人。

5. 招录(聘)为公务人员限制。限制招录(聘)失信被执行人为公务员或事业单位工作人员,在职公务员或事业单位工作人员被确定为失信被执行人的,失信情况应作为其评先、评优、晋职晋级的参考。

6. 入党或党员的特别限制。将严格遵守法律、履行生效法律文书确定的义务情况,作为申请加入中国共产党、预备党员转为正式党员以及党员评先、评优、晋职晋级的重要参考。

7. 担任党代表、人大代表和政协委员限制。失信被执行人为个人的，不作为组织推荐的各级党代会代表、各级人大代表和政协委员候选人。

8. 入伍服役限制。失信被执行人为个人的，将其失信情况作为入伍服役和现役、预备役军官评先、评优、晋职晋级的重要参考。

（四）准入资格限制

1. 海关认证限制。限制失信被执行人成为海关认证企业；在失信被执行人办理通关业务时，实施严密监管，加强单证审核或布控查验。

2. 从事药品、食品等行业限制。对失信被执行人从事药品、食品安全行业从严审批；限制失信被执行人从事危险化学品生产经营储存、烟花爆竹生产经营、矿山生产和安全评价、认证、检测、检验等行业；限制失信被执行人担任上述行业单位主要负责人及董事、监事、高级管理人员，已担任相关职务的，按规定程序要求予以变更。

3. 房地产、建筑企业资质限制。将房地产、建筑企业不依法履行生效法律文书确定的义务情况，记入房地产和建筑市场信用档案，向社会披露有关信息，对其企业资质作出限制。

（五）荣誉和授信限制

1. 授予文明城市、文明村镇、文明单位、文明家庭、道德模范、慈善类奖项限制。将履行人民法院生效裁判情况作为评选文明村镇、文明单位、文明家庭的前置条件，作为文明城市测评的指标内容。有关机构及其法定代表人、实际控制人、董事、监事、高级管理人员为失信被执行人的，不得参加文明单位、慈善类奖项评选，列入失信被执行人后取得的文明单位荣誉称号、慈善类奖项予以撤销。失信被执行人为个人的，不得参加道德模范、慈善类奖项评选，列入失信被执行人后获得的道德模范荣誉称号、慈善类奖项予以撤销。

2. 律师和律师事务所荣誉限制。协助人民法院查询失信被执行人的律师身份信息、律师事务所登记信息；失信被执行人为律师、律师事务所的，在一定期限内限制其参与评先、评优。

3. 授信限制。银行业金融机构在融资授信时要查询拟授信对象及其法定代表人、主要负责人、实际控制人、董事、监事、高级管理人员是否为失信被执行人，对拟授信对象为失信被执行人的，要从严审核。

（六）特殊市场交易限制

1. 从事不动产交易、国有资产交易限制。协助人民法院查询不动产登记情况，限制失信被执行人及失信被执行人的法定代表人、主要负责人、实际控制人、影响债务履行的直接责任人员购买或取得房产、土地使用权等不动产；限制失信被执行人从事土地、矿产等不动产资源开发利用，参与国有企业资产、国家资产等国有产权交易。

2. 使用国有林地限制。限制失信被执行人申报使用国有林地项目；限制其申报重点林业建设项目。

3. 使用草原限制。限制失信被执行人申报草原征占用项目；限制其申报承担国家草原保护建设项目。

4. 其他国有自然资源利用限制。限制失信被执行人申报水流、海域、无居民海岛、山岭、荒地、滩涂等国有自然资源利用项目以及重点自然资源保护建设项目。

(七) 限制高消费及有关消费

1. 乘坐火车、飞机限制。限制失信被执行人及失信被执行人的法定代表人、主要负责人、实际控制人、影响债务履行的直接责任人员乘坐列车软卧、G 字头动车组列车全部座位、其他动车组列车一等以上座位、民航飞机等非生活和工作必需的消费行为。

2. 住宿宾馆饭店限制。限制失信被执行人及失信被执行人的法定代表人、主要负责人、实际控制人、影响债务履行的直接责任人员住宿星级以上宾馆饭店、国家一级以上酒店及其他高消费住宿场所；限制其在夜总会、高尔夫球场等高消费场所消费。

3. 高消费旅游限制。限制失信被执行人及失信被执行人的法定代表人、主要负责人、实际控制人、影响债务履行的直接责任人员参加旅行社组织的团队出境旅游，以及享受旅行社提供的与出境旅游相关的其他服务；对失信被执行人在获得旅游等级评定的度假区内或旅游企业内消费实行限额控制。

4. 子女就读高收费学校限制。限制失信被执行人及失信被执行人的法定代表人、主要负责人、实际控制人、影响债务履行的直接责任人员以其财产支付子女入学就读高收费私立学校。

5. 购买具有现金价值保险限制。限制失信被执行人及失信被执行人的法定代表人、主要负责人、实际控制人、影响债务履行的直接责任人员支付高额保费购买具有现金价值的保险产品。

6. 新建、扩建、高档装修房屋等限制。限制失信被执行人及失信被执行人的法定代表人、主要负责人、实际控制人、影响债务履行的直接责任人员新建、扩建、高档装修房屋，购买非经营必需车辆等非生活和工作必需的消费行为。

（八）协助查询、控制及出境限制

协助人民法院依法查询失信被执行人身份、出入境证件信息及车辆信息，协助查封、扣押失信被执行人名下的车辆，协助查找、控制下落不明的失信被执行人，限制失信被执行人出境。

（九）加强日常监管检查

将失信被执行人和以失信被执行人为法定代表人、主要负责人、实际控制人、董事、监事、高级管理人员的单位，作为重点监管对象，加大日常监管力度，提高随机抽查的比例和频次，并可依据相关法律法规对其采取行政监管措施。

（十）加大刑事惩戒力度

公安、检察机关和人民法院对拒不执行生效判决、裁定以及其他妨碍执行构成犯罪的行为，要及时依法侦查、提起公诉和审判。

（十一）鼓励其他方面限制

鼓励各级党政机关、人民团体、社会组织、企事业单位使用失信被执行人名单信息，结合各自主管领域、业务范围、经营活动，实施对失信被执行人的信用监督、警示和惩戒。

三、加强信息公开与共享

（一）失信信息公开

人民法院要及时准确更新失信被执行人名单信息，并通过全国法院失信被执行人名单信息公布与查询平台、有关网站、移动客户端、户外媒体等多种形式向社会公开，供公众免费查询；根据联合惩戒工作需要，人民法院可以向有关单位推送名单信息，供其结合自身工作依法使用名单信息。对依法不宜公开失信信息的被执行人，人民法院要通报其所在单位，由其所在单位依纪依法处理。

（二）纳入政府政务公开

各地区各部门要按照中共中央办公厅、国务院办公厅印发的《关于全面推进政务公开工作的意见》的有关要求，将失信被执行人信用监督、警示和惩戒信息列入政务公开事项，对失信被执行人信用监督、警示和惩戒要依据部门权力清单、责任清单和负面清单依法开展。

（三）信用信息共享

各地区各部门之间要进一步打破信息壁垒，实现信息共享，通过全国信用信息共享平台，加快推进失信被执行人信息与公安、民政、人力资源社会保障、国土资源、住房城乡建设、财政、金融、税务、工商、安全监管、证券、科技等部门信用信息资源共享，推进失信被执行人信息与有关人民团体、社会组织、企事业单位信用信息资源共享。

（四）共享体制机制建设

加快推进失信被执行人信用信息共享体制机制建设，建立健全政府与征信机构、信用评级机构、金融机构、社会组织之间的信用信息共享机制。建立社会信用档案制度，将失信被执行人信息作为重要信用评价指标纳入社会信用评价体系。

四、完善相关制度机制

（一）进一步提高执行查控工作能力

1. 加快推进网络执行查控系统建设。加大信息化手段在执行工作中的应用，整合完善现有法院信息化系统，实现网络化查找被执行人和控制财产的执行工作机制。要通过政务网、专网等实现人民法院执行查控网络与公安、民政、人力资源社会保障、国土资源、住房城乡建设、工商、交通运输、农业、人民银行、银行监管、证券监管、保险监管、外汇管理等政府部门，及各金融机构、银联、互联网企业等企事业单位之间的网络连接，建成覆盖全国地域及土地、房产、存款、金融理财产品、证券、股权、车辆等主要财产形式的网络化、自动化执行查控体系，实现全国四级法院互联互通、全面应用。

2. 拓展执行查控措施。人民法院要进一步拓展对被告和被执行人财产的查控手段和措施。研究制定被执行人财产报告制度、律师调查被执行人财产制度、公告悬赏制度、审计调查制度等财产查控制度。

3. 完善远程执行指挥系统。最高人民法院和各高级、中级人民法院以及有条件的基层人民法院要建立执行指挥中心和远程指挥系统，实现四级法院执行指挥系统联网运行。建立上下一体、内外联动、规范高效、反应快捷的执行指挥工作体制机制。建立四级法院统一的网络化执行办案平台、公开平台和案件流程节点管理平台。

（二）进一步完善失信被执行人名单制度

1. 完善名单纳入制度。各级人民法院要根据执行案件的办理权限，严格按照法定条件和程序决定是否将被执行人纳入失信名单。

2. 确保名单信息准确规范。人民法院要建立严格的操作规程和审核纠错机制，确保失信被执行人名单信息准确规范。

3. 风险提示与救济。在将被执行人纳入失信名单前，人民法院应当向被执行人发出风险提示通知。被执行人认为将其纳入失信名单错误的，可以自收到决定之日起 10 日内向作出决定的人民法院申请纠正，人民法院应当自收到申请之日起 3 日内审查，理由成立的，予以撤销；理由不成立的，予以驳回。被执行人对驳回不服的，可以向上一级人民法院申请复议。

4. 失信名单退出。失信被执行人全部履行了生效法律文书确定的义务，或与申请执行人达成执行和解协议并经申请执行人确认履行完毕，或案件依法终结执行等，人民法院要在 3 日内屏蔽或撤销其失信名单信息。屏蔽、撤销信息要及时向社会公开并通报给已推送单位。

5. 惩戒措施解除。失信名单被依法屏蔽、撤销的，各信用监督、警示和惩戒单位要及时解除对被执行人的惩戒措施。确需继续保留对被执行人信用监督、警示和惩戒的，必须严格按照法律法规的有关规定实施，并明确继续保留的期限。

6. 责任追究。进一步完善责任追究制度，对应当纳入而不纳入、违法纳入以及不按规定屏蔽、撤销失信名单等行为，要按照有关规定追究责任。

（三）进一步完善党政机关支持人民法院执行工作制度

1. 进一步加强协助执行工作。各地区各部门要按照建立和完善执行联动机制的有关要求，进一步抓好落实工作。各级执行联动机制工作领导小组要制定具体的工作机制、程序，明确各协助执行单位的具体职责。强化协助执行工作考核与问责，组织人事、政法等部门要建立协助执行定期联合通报机制，对协助执行不力的单位予以通报和追责。

2. 严格落实执行工作综治考核责任。将失信被执行人联合惩戒情况作为社会治安综合治理目标责任考核的重要内容。严格落实人民法院执行工作在社会治安综合治理目标责任考核中的有关要求。

3. 强化对党政机关干扰执行的责任追究。党政机关要自觉履行人民法院生效裁判，并将落实情况纳入党风廉政建设主体责任和监督责任范围。坚决落实中共中央办公厅、国务院办公厅印发的《领导干部干预司法活动、插手具体案件处理的记录、通报和责任追究规定》，以及《司法机关内部人员过问案件的记录和责任追究规定》，对有关部门及领导干部干预执行、阻扰执行、不配合执行工作的行为，依纪依法严肃处理。

五、加强组织领导

（一）加强组织实施

各地区各部门要高度重视对失信被执行人信用监督、警示和惩戒工作，将其作为推进全面依法治国、推进社会信用体系建设、培育和践行社会主义核心价值观的重要内容，切实加强组织领导。进一步加强和完善社会信用体系建设部际联席会议制度，形成常态化工作机制。各成员单位要确定专门机构、专业人员负责统筹协调、督促检查各项任务落实情况，并向部际联席会议报告，对工作落实不到位的，予以通报批评，强化问责。负有信息共享、联合惩戒职责的部门要抓紧制定实施细则，确定责任部门，明确时间表、路线图，确保各项措施在2016年年底前落实到位。各联合惩戒单位要在2016年年底前完成与全国信用信息共享平台联合惩戒系统的对接，通过网络自动抓取失信被执行人名单信息,及时反馈惩戒情况。同时要加快惩戒软件开发使用进度,将失信被执行人名单信息嵌入单位管理、审批、工作系统中,实现对失信被执行人名单信息的自动比对、自动拦截、自动监督、自动惩戒。

(二)强化工作保障

各地区各部门要认真落实中央关于解决人民法院执行难问题的要求,强化执行机构的职能作用,配齐配强执行队伍,大力推进执行队伍正规化、专业化、职业化建设。加快推进人民法院执行查控系统与执行指挥系统的软硬件建设,加快推进全国信用信息共享平台建设,加快推进各信息共享单位、联合惩戒单位的信息传输专线、存储设备等硬件建设和软件开发,加强人才、资金、设备、技术等方面的保障。

(三)完善相关法律规定

加快推进强制执行法等相关法律法规、司法解释及其他规范性文件的立改废释工作,及时将加强执行工作、推进执行联动、信用信息公开和共享、完善失信被执行人名单制度、加强联合惩戒等工作法律化、制度化,确保法律规范的科学性、针对性、实用性。

(四)加大宣传力度

加大对失信被执行人名单和信用惩戒的宣传力度,充分发挥新闻媒体的宣传、监督和舆论引导作用。利用报纸、广播、电视、网络等媒体,依法将失信被执行人信息、受惩戒情况等公之于众,形成舆论压力,扩大失信被执行人名单制度的影响力和警示力。

# 食品安全信用信息管理办法

国家食品药品监督管理总局关于印发
食品安全信用信息管理办法的通知
食药监食监二〔2016〕110号

各省、自治区、直辖市食品药品监督管理局，新疆生产建设兵团食品药品监督管理局：

为加强食品安全信用信息管理，提高食品安全监督管理效能，增强食品生产经营者诚信自律意识和信用水平，促进食品安全信用信息公开，加快食品安全信用体系建设，切实保障食品安全，根据《中华人民共和国食品安全法》等法律法规，总局制定了《食品安全信用信息管理办法》，现印发各地，请遵照执行。

国家食品药品监管总局
2016年8月22日

## 第一章 总 则

**第一条** 为加强食品安全信用信息管理，提高食品安全监督管理效能，增强食品生产经营者诚信自律意识和信用水平，促进食品安全信用信息公开，加快食品安全信用体系建设，切实保障食品安全，根据《中华人民共和国食品安全法》等法律法规，制定本办法。

**第二条** 食品安全信用信息的采集、公开、使用等管理活动，应当遵守本办法。法律法规另有规定的，从其规定。

本办法所称食品安全信用信息，是指食品药品监督管理部门在依法履行职责过程中制作或者获取的反映食品生产经营者食品安全信用状况的数据、资料等信息。

**第三条** 食品安全信用信息管理应当遵循属地管理、权责统一、全面覆盖、信息共享、动态更新、准确及时、公开便民的原则。

**第四条** 国家食品药品监督管理总局依照法律法规的规定，负责指导全国食品安全信用信息管理和管理系统的建设工作。

省、自治区、直辖市食品药品监督管理部门负责本行政区域内的食品安全信用信息管理工作，建立本行政区域内的食品安全信用信息管理系统。

县级以上地方食品药品监督管理部门负责行政区域内发放许可证的生产经营者信用信息的采集和管理工作，建立食品生产经营者食品安全信用信息数据库，并向上级食品安全信用信息管理系统提供信息。

## 第二章 信用信息形成

**第五条** 食品安全信用信息包括食品生产经营者基础信息、行政许可信息、检查信息、食品监督抽检信息、行政处罚信息等。

**第六条** 食品生产经营者基础信息包括食品生产经营者名称、地址、法定代表人（负责人）、食品安全管理人员姓名、身份证号码等信息。

行政许可信息包括食品生产经营者许可、许可变更事项等应当公示的各项许可事项相关信息。

检查信息包括日常检查、专项检查、飞行检查和跟踪检查发现问题、整改情况及责任约谈等信息。

食品监督抽检信息包括合格和不合格食品的品种、生产日期或批号等信息，以及不合格食品的项目和检测结果。

行政处罚信息包括食品生产经营者受到的行政处罚种类、处罚结果、处罚依据、作出行政处罚的部门等信息，以及作出行政处罚决定的部门认为应当公示的信息。

**第七条** 县级以上地方食品药品监督管理部门应当指定责任人，在行政许可、行政检查、监督抽检、行政处罚等工作完成后2个工作日内记录并及时导入食品安全信用信息记录。

**第八条** 县级以上地方食品药品监督管理部门应当建立信用信息安全管理制度，采取必要的技术措施，加强对信用信息的管理和维护，保证信用信息的安全，不得擅自修改、删除食品安全信用信息。

如需对食品安全信用信息进行修改，应当在数据系统中注明修改的理由以及批准修改的负责人。

## 第三章　信用信息公开

**第九条** 食品安全信用信息如涉及其他行政机关的，应当与有关行政机关进行沟通、确认，保证公开的信息准确一致，涉及身份证号码信息时，应当隐去最后6位。

食品药品监督管理部门应当公开食品安全信用信息，方便公民、法人和社会组织等依法查询、共享、使用。

**第十条** 食品药品监督管理部门应当将主动公开的食品安全信用信息，通过本单位网站或者报刊、广播、电视、网络等便于公众知晓的方式公开。

属于主动公开范围的食品安全信用信息，应当按总局规定及时予以公开。法律法规另有规定的，从其规定。

**第十一条** 食品药品监督管理部门发现其公开的信息不准确或者公开不应当公开的信息，应当及时更正或撤销。

公民、法人或者其他组织有证据证明食品药品监督管理部门公开的信用信息与事实不符或者依照有关法律法规规定不得公开的，可以提出书面异议申请，并提交证据。食品药品监督管理部门自收到异议申请后应当在3个工作日内进行核查。经核查属实的，应当立即更正或撤销，并在核实后2个工作日内将处理结果告知申请人。

## 第四章 信用信息使用

**第十二条** 县级以上地方食品药品监督管理部门应当对检查、抽检发现问题并作出处罚的食品生产经营者增加检查和抽检频次，并依据相关规定，将其提供给其他相关部门实施联合惩戒。

**第十三条** 县级以上食品药品监督管理部门根据本行政区域信用征信管理的相关规定，向有关部门提供信用信息。

**第十四条** 县级以上地方食品药品监管部门应当建立健全食品安全信用信息管理考核制度，定期对本行政区域信用信息管理工作进行考核。

## 第五章　附　则

**第十五条**　各省、自治区、直辖市食品药品监督管理部门可以根据实际情况，制定本行政区域的食品安全信用信息管理实施细则。

**第十六条**　食品市场开办者、柜台出租者、展销会举办者、网络交易第三方平台提供者，以及从事食品贮存运输的非食品生产经营者的食品安全信用信息管理，参照本办法执行。

**第十七条**　食用农产品市场销售的信用信息管理参照本办法执行。

**第十八条**　本办法自发布之日起施行。

# 国家发展和改革委员会 交通运输部 公安部等关于加强交通出行领域 信用建设的指导意见

发改运行〔2017〕10号

各省、自治区、直辖市及计划单列市、新疆生产建设兵团发展改革委、经信委（工信委）、交通运输厅（局、委）、公安厅（局），民航各地区管理局，各铁路局：

根据《国务院关于印发社会信用体系建设规划纲要（2014-2020年）的通知》（国发〔2014〕21号）和《国务院关于建立完善守信联合激励和失信联合惩戒制度加快推进社会诚信建设的指导意见》（国发〔2016〕33号），为加强交通出行领域信用建设，规范市场秩序，提高交通参与者的诚信意识，营造良好的出行环境，不断满足广大人民群众日益提高的出行需要，现提出如下意见。

一、充分认识加强交通出行领域信用建设的重要意义

近些年，我国交通运输的设施设备条件取得了长足发展，干线和城市交通的线网密度、衔接程度、技术水平显著增强，旅客运输能力基本能满足日常需要。但是，服务水平和市场秩序与人民群众的要求还有一定的差距。部分地区客运车辆超员、超速，城市公交不遵守交通规则、开"斗气车"、服务不规范，出租汽车无证经营、绕道行驶、拒载等各类违法违规行为还比较突出，既直接影响人民群众的生命财产安全和交通出行满意

度，也影响行业的健康发展。同时，铁路、地铁、公交逃票，"机闹"等乘客不文明行为时有发生，对交通出行秩序和社会诚信环境产生了较为负面的影响。

加强交通出行领域信用建设，一方面可以有效规范客运服务提供者的经营行为和行业市场秩序，营造优质服务、诚信经营的市场环境，提高交通出行服务水平，增强人民群众的获得感；另一方面可以有效约束出行者的行为，提高文明出行的意识，推动诚信成为全社会共同的价值追求和行为准则，提高全社会的诚信意识和信用水平。

二、总体要求

（一）指导思想

全面贯彻落实党的十八大和十八届三中、四中、五中、六中全会精神，深入贯彻落实习近平总书记系列重要讲话精神，按照党中央、国务院对信用体系建设的总体要求，加快交通出行领域信用记录建设，推动信用信息共享应用，建立守信联合激励和失信联合惩戒机制，有效规范交通出行市场秩序和参与者行为，实现诚信服务、文明出行的目标。

（二）基本原则

强化配合，形成合力。充分调动交通出行有关部门和各地方的积极性，加强相互间的协调配合，鼓励社会力量广泛参与，共同推进，形成交通出行领域信用建设的合力。

健全规则，规范发展。建立健全交通出行领域信用信息采集、共享规则，严格保护组织、个人隐私和信息安全，依法依规推进信用信息公开和应用。

推广应用，联合奖惩。鼓励开发交通出行领域信用产品，推动相关政府部门、企事业单位、行业协会、社会信用服务机构使用信用信息和信用产品，推动实施守信联合激励和失信联合惩戒，增强正向激励和负面惩戒的力度。

稳步推进，重点突破。在公路、水路领域，以客运经营者为重点，在铁路、民航领域，以旅客为重点，加强信用记录建设。依托全国和地方信用信息共享平台，逐步实现信用信息的归集、处理和应用。

三、加快推进信用记录建设

（一）建立道路、水路客运经营主体的信用记录

交通运输部门要建立道路、水路客运经营企业及其法定代表人、驾驶人的信用基础信息数据库。公安、交通运输等部门要依据《中华人民共和国道路交通安全法》《中华人民共和国港口法》《道路旅客运输及客运站管理规定》《国内水路运输管理条例》等法律法规，对道路、水路客运经营主体和驾驶人受到行政刑事处罚的违法违规行为进行记录，依法公示严重交通违法行为。对客运企业和个人受到较高等级表彰的模范行为记入信用记录。

（二）建立铁路、民航失信当事人的失信记录

铁路运输企业要制定《铁路旅客信用记录管理办法》，对扰乱铁路站车运输秩序且危及铁路安全、造成严重社会不良影响，或依据相关法律、法规应予以行政处罚的行为，以及查处的倒票、制贩假票、使用伪造、冒用或者无效的残疾人证、残疾军人证、学生证等证件购票乘车，持伪造、过期等无效车票或者冒用挂失补车票乘车，无票、越站（席）乘车且拒不补票等违反铁路规章的失信行为进行记录。民航部门要推动航空公

司和机场严格执行《民航旅客不文明行为记录管理办法(试行)》,对扰乱航空运输秩序且已危及航空安全、造成严重社会不良影响,或依据相关法律、法规、民航规章应予以处罚的行为进行记录。

(三)建立城市交通信用记录

交通运输部门要建立城市公共交通驾驶人和乘务员、网约车平台公司和从业人员、道路客运联网售票平台的信用基础信息数据库,并制定经营者、从业人员和乘客失信行为认定办法。对查处的具有扰乱公共交通秩序、逃票等乘客不文明行为记入信用记录,对公共交通和出租汽车从业人员的违法违规行为记入信用记录。对公交驾驶人和乘务人员的模范行为记入信用记录。

(四)鼓励社会力量参与信用记录建设

鼓励行业组织、社会信用服务机构积极参与信用记录建设,通过各种渠道依法依规搜集整理交通出行领域各类主体的失信信息。鼓励广大人民群众如实举报相关失信行为。

四、规范推进信用信息共享应用

(一)加强信用信息共享

各部门要加快推进本行业信用信息的全国联网共享,定期将采集到的交通出行信用记录推送给全国信用信息共享平台。共享平台要及时动态更新企业和个人的信用记录,并按照有关规定向相关部门和单位提供交通出行领域企业和个人的信用信息。各地区要利用地方信用信息共享平台实现交通出行领域信用信息的及时共享。交通运输部门要将网约车平台公司和道路客运联网售票平台的信用信息纳入部门信用信息系统。

(二) 依法实施信用信息公开

各相关部门掌握的可以依法向社会公开的信用信息应当及时通过部门网站公布,并主动向"信用中国"网推送。积极协调有关互联网新闻信息服务单位及时向社会公布依照法律法规可以公开的企业和个人信用信息,不断扩大信用信息的公众知晓度。

(三) 推进信息推广应用

推动社会信用服务机构和行业组织,积极开发适用于交通出行领域的信用产品,开展信用评价,定期发布交通出行领域信用报告。相关部门要建立交通出行领域企业和个人的"红名单"和"黑名单",作为市场准入、资质许可、购买服务、评优表彰等工作的重要参考。鼓励金融、保险机构在融资授信、保费核定等工作中主动使用信用记录和信用产品。

五、建立守信激励和失信惩戒机制

(一) 对守信典型优先提供服务便利

各地要创新守信激励措施,对认定的诚信典型和连续多年无不良记录的客运企业在客运线路审批、城市公交服务购买等方面优先考虑,可根据实际情况依法实施"绿色通道"和"容缺受理"等便利服务措施。对受到表彰的优秀运输从业者和志愿者在教育、就业、创业等方面给予重点支持和优先服务,同时将春运优秀志愿者纳入中央 51 个部门和单位联合出台的优秀青年志愿者守信联合激励范畴。

(二) 对失信行为实施联合惩戒

各相关部门和单位要签署交通出行领域失信行为联合惩戒合作备忘录,对严重失信的客运企业和个人开展联合惩戒。严重失信当事人除要接受相关部门依据法律法规给予的处罚外，还要依法受到其他部门和单位的惩戒。失信当事人将在纳税评级、政府采购、获得荣誉性称号和表彰等方面受到更为严格的要求和限制。

（三）鼓励开展市场化激励和惩戒

鼓励各类社会机构和企业法人依据法律法规和规章制度，在市场可以自主决策的范围内，对守信模范和失信典型在信贷担保、保险费率、招标采购、参团旅游、人员招录等方面采取差别化服务，利用市场化的手段强化守信激励和失信惩戒的效果。

（四）建立信用修复机制

建立信用信息纠错、修复机制，制定信用信息异议处理、行政复议、诉讼管理制度及操作细则，明确各类信用信息展示期限，不再展示使用超过期限的信用信息。畅通信用修复渠道，丰富信用信息修复方式。

六、强化保障措施

（一）加强工作协调

要在社会信用体系建设部际联席会议框架内，建立交通出行领域信用建设专项工作机制，加强对交通出行领域信用建设的指导和协调，研究制定有关政策措施，协调解决存在的突出问题。各地要高度重视，制定并积极落实各项政策措施，建立工作考核机制，加强对交通出行领域信用建设工作的指导、督促和检查。

（二）做好舆论宣传

广泛利用新闻媒体、门户网站、社交平台等媒介宣传报道交通出行领域信用建设的重要性和工作进展，宣传推荐诚信典型，曝光不文明出行行为，开展"文明出行"等主题宣传活动，弘扬诚信文化，凝聚社会共识，营造诚信氛围。

（三）强化信息安全

相关政府部门、行业协会组织和社会信用服务机构要严格遵照有关规定，建立健全保障信用信息安全的规章制度，严格执行信用信息采集、查询和使用的权限和程序。加强信用信息安全和个人隐私保护，建立交通出行个人信用信息授权使用机制。

（四）培育社会信用服务机构

各相关部门要努力营造良好的发展环境，加快形成若干家在交通出行领域专业能力强、信誉度高的社会信用服务机构，促进其不断提高专业化服务能力。大力引导社会信用服务机构加强自身信用建设，强化内部控制，明确行为准则和服务规范，坚持公平、公正、独立。

（五）在重点时段率先推进

春运期间人员出行集中、违法违规失信行为多发。要在春运期间进一步加大信用建设推进力度，加强信用宣传，大力倡导文明出行，严格失信行为记录，加大联合惩戒力度，维护良好的春运秩序。

国家发展改革委
中华人民共和国交通运输部
中华人民共和国公安部
中国民航局
中国铁路总公司
2017 年 1 月 3 日

# 环境保护部 国家发展和改革委员会
# 关于加强企业环境信用体系
# 建设的指导意见

环发〔2015〕161号

各省、自治区、直辖市环境保护厅（局），新疆生产建设兵团环境保护局，辽河凌河保护区管理局，各省、自治区、直辖市、新疆生产建设兵团发展改革委：

根据党中央、国务院关于推进社会信用体系建设的部署和要求，为加快建立企业环保守信激励、失信惩戒机制，现就加强企业环境信用体系建设提出如下意见：

一、指导原则和目标任务

（一）制定依据

党中央、国务院高度重视社会信用体系建设。党的十八大提出"加强政务诚信、商务诚信、社会诚信和司法公信建设"。党的十八届三中全会提出"建立健全社会征信体系，褒扬诚信，惩戒失信"。党的十八届四中全会提出"加强社会诚信建设，健全公民和组织守法信用记录，完善守法诚信褒奖机制和违法失信行为惩戒机制"。

环境保护领域信用建设是社会信用体系建设的重要组成部分。新修订的《环境保护法》规定，企业事业单位和其他生产经营者的环境违法信息应当记入社会诚信档案，违法者名单应当及时向社会公布。国务院印发的《社会信用体系建设规划纲要（2014—2020年）》对环保领域信用建设提出了明确要求。国务院办公厅印发的《关于加强环境监管执法的通知》要求："建立环境信用评价制度，将环境违法企业列入'黑名单'并向社会公开，将其环境违法行为纳入社会信用体系，让失信企业一次违法、处处受限"。

（二）指导原则

以企业环境信用信息的归集共享为基础，以企业环境信用信息的公示为方法，以相关部门协同监管、联合惩戒为手段，以提高企业环保自律、诚信意识为目的，建立环保激励与约束并举的长效机制。

（三）目标任务

到2020年，企业环境信用制度基本形成，企业环境信用记录全面建立，覆盖国家、省、市、县的企业环境信用信息系统基本建成，环保守信激励和失信惩戒机制有效运转，企业环境诚信意识和信用水平普遍提高。

二、明确记入企业环境信用记录的信息范围

环保部门在履行环境保护职责过程中制作或者获取的，以一定形式记录、保存的，反映企业环境信用情况的环境管理信息，应当记入企业环境信用记录。记入企业环境信用记录的信息分为基础类信用信息和不良类信用信息。

（一）基础类信用信息主要包括：

1. 建设项目环境管理信息：建设项目环评审批信息，建设项目环境保护设施建设和运行信息。

2. 环保行政许可信息：排污许可证信息，危险废物经营许可证信息，危险化学品进出口环境管理登记证信息，新化学物质环境管理登记证信息，危险废物越境转移核准信息，列入限制进口目录的固体废物进口许可信息，列入自动许可进口目录的固体废物进口许可信息，消耗臭氧层物质生产、使用、进出口配额许可及进出口审批信息，废弃电器电子产品处理资格许可信息，加工利用国家限制进口、可用作原料的废五金电器、废电线电缆、废电机等企业认定信息，以及环保法律法规规定的、国务院决定保留的其他环保行政许可信息。

3. 核与辐射安全管理信息：民用核设施选址、建造、装料、运行、退役以及核技术利用单位等许可信息，以及环保法律法规规定的、国务院决定保留的其他核与辐射安全行政许可信息。

4. 排污费或者环境保护税缴纳信息。

在有条件的地区，环保部门也可以将下列信息纳入基础类信用信息：（1）污染源的监督性监测信息、重点排污单位的自行监测信息公开情况；（2）获得和使用环保专项资金情况；（3）突发环境事件应急预案备案等环境风险管理信息；（4）废弃电器电子产品处理企业完成拆解处理的废弃电器电子产品种类、数量、审核，以及接受基金补贴信息；（5）企业环境信用评价信息；（6）反映企业环境信用状况的其他信息。

（二）不良类信用信息主要包括：

1. 环境行政处罚信息。

2. 责令改正违法行为信息。

3. 造成污染物排放的设施、设备被查封、扣押的信息。

4. 被责令采取限制生产、停产整治等措施的信息。

5. 拒不执行已生效的环境行政处罚决定或者责令改正违法

行为决定的信息。

6. 对严重环境违法的企业，该企业直接负责的主管人员和其他直接责任人员依法被处以行政拘留的信息。

在有条件的地区，环保部门也可以将下列信息纳入不良类信用信息：（1）发生较大及以上突发环境事件的信息（非企业责任的除外）；（2）对严重环境违法的企业，该企业直接负责的主管人员和其他直接责任人员依法被追究刑事责任的信息；（3）企业因环境污染犯罪依法被追究刑事责任的信息；（4）反映企业环境信用状况的其他不良信息。

三、建立和完善企业环境信用记录

环保部门应当根据"谁制作，谁记录，谁提供"的原则，确定本部门内负责环境信用信息归集和管理的机构，并明确各类环境信用信息的提供主体，及时、准确、完整地归集各类环境信用信息。

环保部门的规划财务、环评管理、环境监测、污染防治、核与辐射安全管理、环境监察、环境应急等内设业务机构，应当按照职责分工，做好相关环境信用信息的记录和提供工作；信息化工作机构要为各类环境信用信息的归集、整合和维护，提供信息化支持。

四、完善企业环境信用信息公开制度

（一）环保部门公开

环保部门应当依据新修订的《环境保护法》《企业信息公示暂行条例》《政府信息公开条例》《环境信息公开办法（试行）》《企业事业单位环境信息公开办法》《国家重点监控企业自行监测及信息公开办法（试行）》和《国家重点监控企业污

染源监督性监测及信息公开办法（试行）》等法律、法规、规章和规范性文件的有关规定，将企业环境信用信息，通过其政府网站、"信用中国"网站或者其他便利公众知悉和查询的方式，向社会公开，并同时纳入企业环境信用信息系统和全国统一的信用信息共享交换平台。鼓励征信机构依法采集企业环境信用信息。

环保部门可以根据本地区实际情况，确定企业环境信用记录中不良信用信息的公开和可查询期限，一般不得低于5年。法律法规另有规定的，从其规定。不良信用信息的公开和可查询期限，自对企业违法失信行为的处理决定执行完毕之日起算。超过期限的不良信用信息，不再通过企业环境信用信息系统公开或者接受查询。

鼓励企业主动关注和查询自身的环境信用记录，实时掌握自身环境信用状况，并对存在的问题进行有针对性的整改。对积极采取整改措施改正环境失信行为的，环保部门应当及时将整改信息记入其环境信用记录。

（二）企业公开

1. 重点排污单位应当依据新修订的《环境保护法》《大气污染防治法》《企业信息公示暂行条例》和《企业事业单位环境信息公开办法》等法律、法规和规章规定，向社会公开其基础信息、主要污染物及特征污染物排放情况等排污信息、按照环境影响评价报告书（表）及其批复要求开展周边环境质量监测信息、防治污染设施的建设和运行情况、环保行政许可信息、突发环境事件应急预案等信息。

2. 鼓励和引导企业主动对本企业污染物排放状况及周边环

境质量开展自行监测,将监测结果向社会公开,并提供给当地环保部门。

3. 机动车生产、进口企业应当向社会公布其生产、进口机动车车型的排放检验信息、污染控制技术信息和有关维修技术信息。

五、完善企业环境信用评价制度

(一)扩大参评企业范围

环保部门应当根据本地区实际情况,在《企业环境信用评价办法(试行)》规定的应当纳入环境信用评价的企业范围基础上,逐步拓展参评企业范围,基本覆盖当地环境影响大、社会普遍关注的企业,并推动更多的企业自愿参与。条件成熟的地区,可以探索开展环境服务机构环境信用评价。

(二)完善评价指标和评分方法

根据本地区的实际情况,各省、自治区、直辖市环保部门可以在《企业环境信用评价办法(试行)》基础上,进一步细化评价指标和评分方法,缩小自由裁量权,保证评价结果客观、公正。

(三)夯实信用评价的数据基础

以企业的环境信用记录信息为基础,明确各项评价指标的数据来源和采集频次,并合理采用经环保部门核实的企业、公众、社会组织以及媒体提供的环境信用信息。

(四)推动信用评价的信息化管理

推动企业环境信用评价的信息采集、评分、结果公布的信息化和自动化,减少人工干预。评价流程中操作人员的具体操作要全程留痕,保证评价结果可追溯。

（五）加强评价结果的动态调整

及时反映企业环境信用的变化，根据"谁公布、谁调整"的原则，对环境信用恶化的企业及时降低信用评价等级；对改善环境信用、实施有效整改的企业，在其环境信用记录中补充其整改信息，并向社会公开。

六、探索企业环境信用承诺制度

探索在环保行政许可和环保专项资金申请等方面，建立企业环境信用承诺制度。企业对申请材料的真实性、履行环保法定义务的情况以及违反承诺的违约责任等事项，作出书面承诺，并向社会公开，主动接受监督。

违背信用承诺的，应当承担违约责任，自愿接受约定的惩戒，并承担相应的法律责任。环保部门应当将企业环境信用承诺及违反承诺的信息记入企业环境信用记录，并予以公开。

七、加强企业环境信用信息系统建设

（一）加快推进企业环境信用信息系统建设

环保部门应当依托现有环保业务信息系统，整合企业环境信用信息资源，建设企业环境信用信息系统，实现企业环境信用记录归集、储存、发布、应用的电子化和信息化；加快建设面向公众的企业环境信用信息平台，基本实现公众对企业环境信用信息网上查询。

以公民、法人和其他组织统一社会信用代码作为有关个人和企业的标识，按照统一的技术标准和数据标准，整合各类企业环境信用信息，实现同一企业所有环境信用信息的集中记录和查询。按照"一数一源"和"谁产生、谁记录，谁提供、谁负责"的要求，确保信用信息系统内有关企业数据来源的唯一性，做到信息完整、准确、及时，并动态更新。

环保部门应当强化环境信用信息安全管理与信息主体权益保护，制定异议处理制度。

（二）加快实现环境信用信息互联互通

1. 加强环保系统内部的信用信息互联互通。环境保护部建设国家企业环境信用信息系统。省、市、县级环保部门建设本级企业环境信用信息系统，与上级环保部门的企业环境信用信息系统实现网络互联和信息共享，实现环保系统各地区、各业务条线之间企业环境信用信息的互联互通、开放共享。

2. 推进环保部门与其他部门之间的环境信用信息共享。环保部门应当分别按照国务院和地方人民政府关于信用信息共享交换的工作部署，将环境信用信息纳入全国统一的信用信息共享交换平台、企业信用信息公示系统和地方公共信用信息平台，实现信用信息互联互通。

八、推动建立环保守信激励、失信惩戒机制

（一）促进环境信用信息在环境监管中的分类应用

1. 环境监管应当有效应用企业环境信用信息。环保部门应当结合企业的环境信用状况，积极探索企业环境信用分类管理，在环保行政许可、建设项目环境管理、环境监察执法、环保专项资金管理、环保科技项目立项和环保评先创优等工作流程中，嵌入企业环境信用信息的调用和信用状况的审核环节，有效应用企业环境信用信息。

2. 对环境信用状况良好的企业，在同等条件下予以优先支持。

3. 对失信主体予以约束和惩戒。对存在不良信用记录的企业，结合企业环境失信行为的类别和具体情节，根据有关规定从严审查其环保行政许可申请事项，加大监察执法频次，从严审批或者暂停各类环保专项资金补助，并积极探索其他惩戒措施。

（二）建立企业环境信用联合奖惩机制

发展改革部门应当完善企业环境信用多部门奖惩联动机制，推动环保部门与财政、商务、人民银行、工商、安全生产监督管理、质量技术监督、国有资产监督管理、税务、海关、能源等有关主管部门，银行、证券、保险监管机构，监察机关，有关工会组织、行业协会的沟通协调，完善企业环境信用信息共享交换；推动有关部门和机构在行政许可、公共采购、评先创优、金融支持、资质等级评定等管理工作中，根据企业环境信用状况予以支持或限制，使守信者处处受益、失信者寸步难行。

环保部门、发展改革部门应当联合有关部门，采取以下鼓励性和惩戒性措施：

1. 建议财政部门依法禁止环境失信企业参与政府采购活动。

2. 建议国有资产监督管理部门、有关工会组织、有关行业协会以及其他有关机构，不得授予环保失信企业及其负责人先进企业或者先进个人等荣誉称号。

3. 建议保险机构对环保守信企业予以优惠的环境污染责任保险费率，对环境失信企业提高费率。

4. 对未按照《企业信息公示暂行条例》有关规定公示其环保行政许可和环境行政处罚信息的企业，环保部门应当商请工商部门将其列入经营异常名录，并通过企业信用信息公示系统向社会公示；满3年未按规定履行公示义务的，环保部门应当商请省级工商行政管理部门将其列入严重违法企业名单，并通过企业信用信息公示系统向社会公示。

5. 落实绿色信贷政策，联合人民银行、银监部门，推动银行业金融机构将企业环境信用信息作为信贷审批、贷后监管的重要依据。对环境信用良好的企业，予以积极的信贷支持；对环境信用不良的企业，严格贷款条件；对环保严重失信企业，在其落实完成有关整改措施之前，不予新增贷款，并视情况逐步压缩贷款，直至退出贷款。

九、开展环境服务机构及其从业人员环境信用建设

（一）环境服务机构的诚信要求

环评机构、环境污染第三方治理机构、环境监测机构和机动车排放检验机构等环境服务机构在提供环境服务活动中，应当诚实守信，不得弄虚作假。环评机构应当对其主持完成的环评文件的真实性和准确性负责。环境监测机构和机动车排放检验机构应当对其所提供的监（检）测数据的真实性和准确性负责。环境污染第三方治理机构应当按照有关法律法规和标准以及排污企业的委托要求，承担约定的污染治理责任，保证污染防治设施正常运营、维护和污染物达标排放，并如实向社会公开污染治理设施建设、运行和污染排放情况。

（二）环评机构及从业人员信用建设

1. 建立环评机构及从业人员信用记录。环保部门应当按照监管职责，建立环评机构及其环境影响评价工程师信用记录，并向社会公开。应当纳入信用记录的信息包括：环评机构名称、资质等级、业务范围、专职技术人员；环境影响评

价工程师职业资格取得时间、从业单位、专业类别等基础信息；环保部门对评价机构及其环境影响评价工程师采取的通报批评、限期整改和行政处罚等情况；环评机构或者申请评价资质的机构因隐瞒环境影响评价工程师情况或者提供相关虚假材料，环境保护部不予受理、不予批准或者撤销评价资质等相关情况。

2. 建立环评评估专家诚信档案。及时记录环评评估专家以下失信行为：不负责任，弄虚作假，未能客观、公正履行审查职责的；无正当理由，不按要求参加评估工作的；与建设项目业主或环评机构存在利益关系，可能影响公正性，未主动提出回避的；泄露在评估过程中知悉的技术秘密、商业秘密以及其他不宜公开的信息的；收受他人的财物或者其他好处的。

3. 健全环评机构和从业人员失信惩戒制度，完善环评文件责任追究机制。对环评机构不负责任或者弄虚作假，致使环评文件失实的，依法降低该环评机构资质等级或者吊销其资质证书，处以罚款，责令有关从业人员限期整改，并向社会公开。

（三）环境污染第三方治理机构信用建设

加强生活污水、工业废水、除尘脱硫脱硝、工业废气、工业固体废物、危险废物、生活垃圾、重金属污染治理等环境污染第三方治理机构的信用建设。环保部门应当建立第三方治理机构信用记录，将有关机构的基础信息、日常执法监管信息纳入其环境信用记录并向社会公布。实施第三方治理机构"黑名单"制度，对篡改、伪造监测数据，或者不正常运行防治污染设施，或者通过暗管等逃避监管方式违法排放污染物的，列入"黑名单"，并定期向社会公开，各级政府或者有关部门不得采购其环境服务。

（四）环境监测机构信用建设

环保部门应当建立和完善环境监测机构信用记录。环境监测机构及其法定代表人在环境监测服务活动中存在不规范监测行为的，环保部门应当将相应机构、法定代表人、监测技术人员的违法信息记入其信用记录，并及时向社会公布。对存在弄虚作假、篡改或者伪造监测数据等严重失信行为的环境监测机构及其相关责任人，列入"黑名单"，定期向社会公开，并通报质量技术监督主管部门。各级政府或者有关部门购买环境监测服务，应当优先选择信用好的环境监测机构，不得购买列入"黑名单"的环境监测机构的服务。鼓励排污单位选择信用好的环境监测机构提供自行监测、环境管理体系认证和清洁生产审核等环境监测服务。

（五）机动车排放检验机构的信用建设

环保部门应当建立和完善机动车排放检验机构信用记录。对伪造机动车排放检验结果或者出具虚假排放检验报告的，由环保部门依法予以处罚，记入其信用记录，向社会公布并与有关部门信息共享。情节严重的，由负责资质认定的部门取消其检验资格。

十、加强企业环境信用体系建设的支持和保障

环保部门应当根据企业环境信用体系建设需要，保障所需经费，确保各项措施落实到位。加大对企业环境信用基础设施建设、运行维护以及人员培训等方面的支持。

环保部门应当结合本地区实际，建立工作机制，制定实施方案，加大工作力度，推动企业环境信用体系建设工作取得实际成效。

环境保护部

发展改革委

2015 年 11 月 27 日

# 纳税信用管理办法（试行）

国家税务总局关于发布《纳税信用
管理办法（试行）》的公告
国家税务总局公告2014年第40号

现将《纳税信用管理办法（试行）》予以发布，自2014年10月1日起施行。

特此公告。

国家税务总局
2014年7月4日

## 第一章　总　则

**第一条**　为规范纳税信用管理，促进纳税人诚信自律，提高税法遵从度，推进社会信用体系建设，根据《中华人民共和国税收征收管理法》及其实施细则、《国务院关于促进市场公平竞争维护市场正常秩序的若干意见》（国发〔2014〕20号）和《国务院关于印发社会信用体系建设规划纲要（2014-2020年）的通知》（国发〔2014〕21号），制定本办法。

**第二条**　本办法所称纳税信用管理，是指税务机关对纳税人的纳税信用信息开展的采集、评价、确定、发布和应用等活动。

**第三条**　本办法适用于已办理税务登记，从事生产、经营并适用查账征收的企业纳税人（以下简称纳税人）。

扣缴义务人、自然人纳税信用管理办法由国家税务总局另行规定。

个体工商户和其他类型纳税人的纳税信用管理办法由省税务机关制定。

**第四条** 国家税务总局主管全国纳税信用管理工作。省以下税务机关负责所辖地区纳税信用管理工作的组织和实施。

**第五条** 纳税信用管理遵循客观公正、标准统一、分级分类、动态调整的原则。

**第六条** 国家税务总局推行纳税信用管理工作的信息化，规范统一纳税信用管理。

**第七条** 国家税务局、地方税务局应联合开展纳税信用评价工作。

**第八条** 税务机关积极参与社会信用体系建设，与相关部门建立信用信息共建共享机制，推动纳税信用与其他社会信用联动管理。

## 第二章 纳税信用信息采集

**第九条** 纳税信用信息采集是指税务机关对纳税人纳税信用信息的记录和收集。

**第十条** 纳税信用信息包括纳税人信用历史信息、税务内部信息、外部信息。

纳税人信用历史信息包括基本信息和评价年度之前的纳税信用记录，以及相关部门评定的优良信用记录和不良信用记录。

税务内部信息包括经常性指标信息和非经常性指标信息。经常性指标信息是指涉税申报信息、税（费）款缴纳信息、发票与税控器具信息、登记与账簿信息等纳税人在评价年度内经常产生的指标信息；非经常性指标信息是指税务检查信息等纳税人在评价年度内不经常产生的指标信息。

外部信息包括外部参考信息和外部评价信息。外部参考信息包括评价年度相关部门评定的优良信用记录和不良信用记录；外部评价信息是指从相关部门取得的影响纳税人纳税信用评价的指标信息。

**第十一条** 纳税信用信息采集工作由国家税务总局和省税务机关组织实施，按月采集。

**第十二条** 本办法第十条第二款纳税人信用历史信息中的基本信息由税务机关从税务管理系统中采集，税务管理系统中暂缺的信息由税务机关通过纳税人申报采集；评价年度之前的纳税信用记录，以及相关部门评定的优良信用记录和不良信用记录，从税收管理记录、国家统一信用信息平台等渠道中采集。

**第十三条** 本办法第十条第三款税务内部信息从税务管理系统中采集。

**第十四条** 本办法第十条第四款外部信息主要通过税务管理系统、国家统一信用信息平台、相关部门官方网站、新闻媒体或者媒介等渠道采集。通过新闻媒体或者媒介采集的信息应核实后使用。

## 第三章 纳税信用评价

**第十五条** 纳税信用评价采取年度评价指标得分和直接判

级方式。评价指标包括税务内部信息和外部评价信息。

年度评价指标得分采取扣分方式。纳税人评价年度内经常性指标和非经常性指标信息齐全的，从100分起评；非经常性指标缺失的，从90分起评。

直接判级适用于有严重失信行为的纳税人。

纳税信用评价指标由国家税务总局另行规定。

**第十六条** 外部参考信息在年度纳税信用评价结果中记录，与纳税信用评价信息形成联动机制。

**第十七条** 纳税信用评价周期为一个纳税年度，有下列情形之一的纳税人，不参加本期的评价：

（一）纳入纳税信用管理时间不满一个评价年度的；

（二）本评价年度内无生产经营业务收入的；

（三）因涉嫌税收违法被立案查处尚未结案的；

（四）被审计、财政部门依法查出税收违法行为，税务机关正在依法处理，尚未办结的；

（五）已申请税务行政复议、提起行政诉讼尚未结案的；

（六）其他不应参加本期评价的情形。

**第十八条** 纳税信用级别设A、B、C、D四级。A级纳税信用为年度评价指标得分90分以上的；B级纳税信用为年度评价指标得分70分以上不满90分的；C级纳税信用为年度评价指标得分40分以上不满70分的；D级纳税信用为年度评价指标得分不满40分或者直接判级确定的。

**第十九条** 有下列情形之一的纳税人，本评价年度不能评为A级：

（一）实际生产经营期不满3年的；

（二）上一评价年度纳税信用评价结果为 D 级的；

（三）非正常原因一个评价年度内增值税或营业税连续 3 个月或者累计 6 个月零申报、负申报的；

（四）不能按照国家统一的会计制度规定设置账簿，并根据合法、有效凭证核算，向税务机关提供准确税务资料的。

**第二十条** 有下列情形之一的纳税人，本评价年度直接判为 D 级：

（一）存在逃避缴纳税款、逃避追缴欠税、骗取出口退税、虚开增值税专用发票等行为，经判决构成涉税犯罪的；

（二）存在前项所列行为，未构成犯罪，但偷税（逃避缴纳税款）金额 10 万元以上且占各税种应纳税总额 10% 以上，或者存在逃避追缴欠税、骗取出口退税、虚开增值税专用发票等税收违法行为，已缴纳税款、滞纳金、罚款的；

（三）在规定期限内未按税务机关处理结论缴纳或者足额缴纳税款、滞纳金和罚款的；

（四）以暴力、威胁方法拒不缴纳税款或者拒绝、阻挠税务机关依法实施税务稽查执法行为的；

（五）存在违反增值税发票管理规定或者违反其他发票管理规定的行为，导致其他单位或者个人未缴、少缴或者骗取税款的；

（六）提供虚假申报材料享受税收优惠政策的；

（七）骗取国家出口退税款，被停止出口退（免）税资格未到期的；

（八）有非正常户记录或者由非正常户直接责任人员注册登记或者负责经营的；

（九）由 D 级纳税人的直接责任人员注册登记或者负责经营的；

（十）存在税务机关依法认定的其他严重失信情形的。

第二十一条　纳税人有下列情形的，不影响其纳税信用评价：

（一）由于税务机关原因或者不可抗力，造成纳税人未能及时履行纳税义务的；

（二）非主观故意的计算公式运用错误以及明显的笔误造成未缴或者少缴税款的；

（三）国家税务总局认定的其他不影响纳税信用评价的情形。

## 第四章　纳税信用评价结果的确定和发布

第二十二条　纳税信用评价结果的确定和发布遵循谁评价、谁确定、谁发布的原则。

第二十三条　税务机关每年4月确定上一年度纳税信用评价结果，并为纳税人提供自我查询服务。

第二十四条　纳税人对纳税信用评价结果有异议的，可以书面向作出评价的税务机关申请复评。作出评价的税务机关应按本办法第三章规定进行复核。

第二十五条　税务机关对纳税人的纳税信用级别实行动态调整。

因税务检查等发现纳税人以前评价年度需扣减信用评价指标得分或者直接判级的，税务机关应按本办法第三章规定调整其以前年度纳税信用评价结果和记录。

纳税人因第十七条第三、四、五项所列情形解除而向税务机关申请补充纳税信用评价的，税务机关应按本办法第三章规定处理。

第二十六条　纳税人信用评价状态变化时，税务机关可采取适当方式通知、提醒纳税人。

第二十七条　税务机关对纳税信用评价结果，按分级分类原则，依法有序开放：

（一）主动公开A级纳税人名单及相关信息；

（二）根据社会信用体系建设需要，以及与相关部门信用信息共建共享合作备忘录、协议等规定，逐步开放B、C、D级纳税人名单及相关信息；

（三）定期或者不定期公布重大税收违法案件信息。具体办法由国家税务总局另行规定。

## 第五章　纳税信用评价结果的应用

第二十八条　税务机关按照守信激励，失信惩戒的原则，对不同信用级别的纳税人实施分类服务和管理。

第二十九条　对纳税信用评价为A级的纳税人，税务机关予以下列激励措施：

（一）主动向社会公告年度A级纳税人名单；

（二）一般纳税人可单次领取3个月的增值税发票用量，需要调整增值税发票用量时即时办理；

（三）普通发票按需领用；

（四）连续3年被评为A级信用级别（简称3连A）的纳税人，除享受以上措施外，还可以由税务机关提供绿色通道或专门人员帮助办理涉税事项；

（五）税务机关与相关部门实施的联合激励措施，以及结合当地实际情况采取的其他激励措施。

第三十条　对纳税信用评价为B级的纳税人，税务机关实施正常管理，适时进行税收政策和管理规定的辅导，并视信用评价状态变化趋势选择性地提供本办法第二十九条的激励措施。

第三十一条　对纳税信用评价为C级的纳税人，税务机关应依法从严管理，并视信用评价状态变化趋势选择性地采取本办法第三十二条的管理措施。

第三十二条　对纳税信用评价为D级的纳税人，税务机关应采取以下措施：

（一）按照本办法第二十七条的规定，公开D级纳税人及其直接责任人员名单，对直接责任人员注册登记或者负责经营的其他纳税人纳税信用直接判为D级；

（二）增值税专用发票领用按辅导期一般纳税人政策办理，普通发票的领用实行交（验）旧供新、严格限量供应；

（三）加强出口退税审核；

（四）加强纳税评估，严格审核其报送的各种资料；

（五）列入重点监控对象，提高监督检查频次，发现税收违法违规行为的，不得适用规定处罚幅度内的最低标准；

（六）将纳税信用评价结果通报相关部门，建议在经营、投融资、取得政府供应土地、进出口、出入境、注册新公司、工程招投标、政府采购、获得荣誉、安全许可、生产许可、从业任职资格、资质审核等方面予以限制或禁止；

（七）D级评价保留2年，第三年纳税信用不得评价为A级；

（八）税务机关与相关部门实施的联合惩戒措施，以及结合实际情况依法采取的其他严格管理措施。

## 第六章 附 则

第三十三条 省税务机关可以根据本办法制定具体实施办法。

第三十四条 本办法自2014年10月1日起施行。2003年7月17日国家税务总局发布的《纳税信用等级评定管理试行办法》（国税发〔2003〕92号）同时废止。

# 社会信用体系建设规划纲要
## （2014—2020年）

国务院关于印发社会信用体系建设规划
纲要（2014—2020年）的通知

国发〔2014〕21号

各省、自治区、直辖市人民政府，国务院各部委、各直属机构：

现将《社会信用体系建设规划纲要（2014—2020年）》印发给你们，请认真贯彻执行。

中华人民共和国国务院
2014年6月14日

社会信用体系是社会主义市场经济体制和社会治理体制的重要组成部分。它以法律、法规、标准和契约为依据，以健全覆盖社会成员的信用记录和信用基础设施网络为基础，以信用信息合规应用和信用服务体系为支撑，以树立诚信文化理念、弘扬诚信传统美德为内在要求，以守信激励和失信约束为奖惩机制，目的是提高全社会的诚信意识和信用水平。

加快社会信用体系建设是全面落实科学发展观、构建社会主义和谐社会的重要基础，是完善社会主义市场经济体制、加强和创新社会治理的重要手段，对增强社会成员诚信意识，营造优良信用环境，提升国家整体竞争力，促进社会发展与文明进步具有重要意义。

根据党的十八大提出的"加强政务诚信、商务诚信、社会诚信和司法公信建设"，党的十八届三中全会提出的"建立健全社会征信体系，褒扬诚信，惩戒失信"，《中共中央 国务院关于加强和创新社会管理的意见》提出的"建立健全社会诚信制度"，以及《中华人民共和国国民经济和社会发展第十二个五年规划纲要》（以下简称"十二五"规划纲要）提出的"加快社会信用体系建设"的总体要求，制定本规划纲要。规划期为2014—2020年。

一、社会信用体系建设总体思路

（一）发展现状

党中央、国务院高度重视社会信用体系建设。有关地区、部门和单位探索推进，社会信用体系建设取得积极进展。国务院建立社会信用体系建设部际联席会议制度统筹推进信用体系建设，公布实施《征信业管理条例》，一批信用体系建设的规章和标准相继出台。全国集中统一的金融信用信息基础数据库建成，小微企业和农村信用体系建设积极推进；各部门推动信用信息公开，开展行业信用评价，实施信用分类监管；各行业积极开展诚信宣传教育和诚信自律活动；各地区探索建立综合性信用信息共享平台，促进本地区各部门、各单位的信用信息整合应用；社会对信用服务产品的需求日益上升，信用服务市场规模不断扩大。

我国社会信用体系建设虽然取得一定进展，但与经济发展水平和社会发展阶段不匹配、不协调、不适应的矛盾仍然突出。

存在的主要问题包括：覆盖全社会的征信系统尚未形成，社会成员信用记录严重缺失，守信激励和失信惩戒机制尚不健全，守信激励不足，失信成本偏低；信用服务市场不发达，服务体系不成熟，服务行为不规范，服务机构公信力不足，信用信息主体权益保护机制缺失；社会诚信意识和信用水平偏低，履约践诺、诚实守信的社会氛围尚未形成，重特大生产安全事故、食品药品安全事件时有发生，商业欺诈、制假售假、偷逃骗税、虚报冒领、学术不端等现象屡禁不止，政务诚信度、司法公信度离人民群众的期待还有一定差距等。

(二) 形势和要求

我国正处于深化经济体制改革和完善社会主义市场经济体制的攻坚期。现代市场经济是信用经济，建立健全社会信用体系，是整顿和规范市场经济秩序、改善市场信用环境、降低交易成本、防范经济风险的重要举措，是减少政府对经济的行政干预、完善社会主义市场经济体制的迫切要求。

我国正处于加快转变发展方式、实现科学发展的战略机遇期。加快推进社会信用体系建设，是促进资源优化配置、扩大内需、促进产业结构优化升级的重要前提，是完善科学发展机制的迫切要求。

我国正处于经济社会转型的关键期。利益主体更加多元化，各种社会矛盾凸显，社会组织形式及管理方式也在发生深刻变化。全面推进社会信用体系建设，是增强社会诚信、促进社会互信、减少社会矛盾的有效手段，是加强和创新社会治理、构建社会主义和谐社会的迫切要求。

我国正处于在更大范围、更宽领域、更深层次上提高开放型经济水平的拓展期。经济全球化使我国对外开放程度不断提高，与其他国家和地区的经济社会交流更加密切。完善社会信用体系，是深化国际合作与交往，树立国际品牌和声誉，降低对外交易成本，提升国家软实力和国际影响力的必要条件，是推动建立客观、公正、合理、平衡的国际信用评级体系，适应全球化新形势，驾驭全球化新格局的迫切要求。

（三）指导思想和目标原则

全面推动社会信用体系建设，必须坚持以邓小平理论、"三个代表"重要思想、科学发展观为指导，按照党的十八大、十八届三中全会和"十二五"规划纲要精神，以健全信用法律法规和标准体系、形成覆盖全社会的征信系统为基础，以推进政务诚信、商务诚信、社会诚信和司法公信建设为主要内容，以推进诚信文化建设、建立守信激励和失信惩戒机制为重点，以推进行业信用建设、地方信用建设和信用服务市场发展为支撑，以提高全社会诚信意识和信用水平、改善经济社会运行环境为目的，以人为本，在全社会广泛形成守信光荣、失信可耻的浓厚氛围，使诚实守信成为全民的自觉行为规范。

社会信用体系建设的主要目标是：到 2020 年，社会信用基础性法律法规和标准体系基本建立，以信用信息资源共享为基础的覆盖全社会的征信系统基本建成，信用监管体制基本健全，信用服务市场体系比较完善，守信激励和失信惩戒机制全面发挥作用。政务诚信、商务诚信、社会诚信和司法公信建设取得明显进展，市场和社会满意度大幅提高。全社会诚信意识普遍增强，经济社会发展信用环境明显改善，经济社会秩序显著好转。

社会信用体系建设的主要原则是：

政府推动，社会共建。充分发挥政府的组织、引导、推动和示范作用。政府负责制定实施发展规划，健全法规和标准，培育和监管信用服务市场。注重发挥市场机制作用，协调并优化资源配置，鼓励和调动社会力量，广泛参与，共同推进，形成社会信用体系建设合力。

健全法制，规范发展。逐步建立健全信用法律法规体系和信用标准体系，加强信用信息管理，规范信用服务体系发展，维护信用信息安全和信息主体权益。

统筹规划，分步实施。针对社会信用体系建设的长期性、系统性和复杂性，强化顶层设计，立足当前，着眼长远，统筹全局，系统规划，有计划、分步骤地组织实施。

重点突破，强化应用。选择重点领域和典型地区开展信用建设示范。积极推广信用产品的社会化应用，促进信用信息互联互通、协同共享，健全社会信用奖惩联动机制，营造诚实、自律、守信、互信的社会信用环境。

二、推进重点领域诚信建设

（一）加快推进政务诚信建设

政务诚信是社会信用体系建设的关键，各类政务行为主体的诚信水平，对其他社会主体诚信建设发挥着重要的表率和导向作用。

坚持依法行政。将依法行政贯穿于决策、执行、监督和服务的全过程，全面推进政务公开，在保护国家信息安全、商业秘密和个人隐私的前提下，依法公开在行政管理中掌握的信用信息，建立有效的信息共享机制。切实提高政府工作效率和服务水平，转变政府职能。健全权力运行制约和监督体系，确保决策权、执行权、监督权既相互制约又相互协调。完善政府决策机制和程序，提高决策透明度。进一步推广重大决策事项公示和听证制度，拓宽公众参与政府决策的渠道，加强对权力运行的社会监督和约束，提升政府公信力，树立政府公开、公平、清廉的诚信形象。

发挥政府诚信建设示范作用。各级人民政府首先要加强自身诚信建设，以政府的诚信施政，带动全社会诚信意识的树立和诚信水平的提高。在行政许可、政府采购、招标投标、劳动就业、社会保障、科研管理、干部选拔任用和管理监督、申请政府资金支持等领域，率先使用信用信息和信用产品，培育信用服务市场发展。

加快政府守信践诺机制建设。严格履行政府向社会作出的承诺，把政务履约和守诺服务纳入政府绩效评价体系，把发展规划和政府工作报告关于经济社会发展目标落实情况以及为百姓办实事的践诺情况作为评价政府诚信水平的重要内容，推动各地区、各部门逐步建立健全政务和行政承诺考核制度。各级人民政府对依法作出的政策承诺和签订的各类合同要认真履约和兑现。要积极营造公平竞争、统一高效的市场环境，不得施行地方保护主义措施，如滥用行政权力封锁市场、包庇纵容行政区域内社会主体的违法违规和失信行为等。要支持统计部门依法统计、真实统计。政府举债要依法依规、规模适度、风险可控、程序透明。政府收支必须强化预算约束，提高透明度。加强和完善群众监督和舆论监督机制。完善政务诚信约束和问责机制。各级人民政府要自觉接受本级人大的法律监督和政协的民主监督。加大监察、审计等部门对行政行为的监督和审计力度。

加强公务员诚信管理和教育。建立公务员诚信档案，依法依规将公务员个人有关事项报告、廉政记录、年度考核结果、相关违法违纪违约行为等信用信息纳入档案，将公务员诚信记录作为干部考核、任用和奖惩的重要依据。深入开展公务员诚信、守法和道德教育，加强法律知识和信用知识学习，编制公务员诚信手册，增强公务员法律和诚信意识，建立一支守法守信、高效廉洁的公务员队伍。

（二）深入推进商务诚信建设

提高商务诚信水平是社会信用体系建设的重点，是商务关系有效维护、商务运行成本有效降低、营商环境有效改善的基本条件，是各类商务主体可持续发展的生存之本，也是各类经济活动高效开展的基础保障。

生产领域信用建设。建立安全生产信用公告制度，完善安全生产承诺和安全生产不良信用记录及安全生产失信行为惩戒制度。以煤矿、非煤矿山、危险化学品、烟花爆竹、特种设备生产企业以及民用爆炸物品生产、销售企业和爆破企业或单位为重点，健全安全生产准入和退出信用审核机制，促进企业落实安全生产主体责任。以食品、药品、日用消费品、农产品和农业投入品为重点，加强各类生产经营主体生产和加工环节的信用管理，建立产品质量信用信息异地和部门间共享制度。推动建立质量信用征信系统，加快完善12365产品质量投诉举报咨询服务平台，建立质量诚信报告、失信黑名单披露、市场禁入和退出制度。

流通领域信用建设。研究制定商贸流通领域企业信用信息征集共享制度，完善商贸流通企业信用评价基本规则和指标体系。推进批发零售、商贸物流、住宿餐饮及居民服务行业信用建设，开展企业信用分类管理。完善零售商与供应商信用合作模式。强化反垄断与反不正当竞争执法，加大对市场混淆行为、虚假宣传、商业欺诈、商业诋毁、商业贿赂等违法行为的查处力度，对典型案件、重大案件予以曝光，增加企业失信成本，促进诚信经营和公平竞争。逐步建立以商品条形码等标识为基础的全国商品流通追溯体系。加强检验检疫质量诚信体系建设。支持商贸服务企业信用融资，发展商业保理，规范预付消费行为。鼓励企业扩大信用销售，促进个人信用消费。推进对外经济贸易信用建设，进一步加强对外贸易、对外援助、对外投资合作等领域的信用信息管理、信用风险监测预警和企业信用等级分类管理。借助电子口岸管理平台，建立完善进出口企业信用评价体系、信用分类管理和联合监管制度。

金融领域信用建设。创新金融信用产品，改善金融服务，维护金融消费者个人信息安全，保护金融消费者合法权益。加大对金融欺诈、恶意逃废银行债务、内幕交易、制售假保单、骗保骗赔、披露虚假信息、非法集资、逃套骗汇等金融失信行为的惩戒力度，规范金融市场秩序。加强金融信用信息基础设施建设，进一步扩大信用记录的覆盖面，强化金融业对守信者的激励作用和对失信者的约束作用。

税务领域信用建设。建立跨部门信用信息共享机制。开展纳税人基础信息、各类交易信息、财产保有和转让信息以及纳税记录等涉税信息的交换、比对和应用工作。进一步完善纳税信用等级评定和发布制度,加强税务领域信用分类管理,发挥信用评定差异对纳税人的奖惩作用。建立税收违法黑名单制度。推进纳税信用与其他社会信用联动管理,提升纳税人税法遵从度。

价格领域信用建设。指导企业和经营者加强价格自律,规范和引导经营者价格行为,实行经营者明码标价和收费公示制度,着力推行"明码实价"。督促经营者加强内部价格管理,根据经营者条件建立健全内部价格管理制度。完善经营者价格诚信制度,做好信息披露工作,推动实施奖惩制度。强化价格执法检查与反垄断执法,依法查处捏造和散布涨价信息、价格欺诈、价格垄断等价格失信行为,对典型案例予以公开曝光,规范市场价格秩序。

工程建设领域信用建设。推进工程建设市场信用体系建设。加快工程建设市场信用法规制度建设,制定工程建设市场各方主体和从业人员信用标准。推进工程建设领域项目信息公开和诚信体系建设,依托政府网站,全面设立项目信息和信用信息公开共享专栏,集中公开工程建设项目信息和信用信息,推动建设全国性的综合检索平台,实现工程建设项目信息和信用信息公开共享的"一站式"综合检索服务。深入开展工程质量诚信建设。完善工程建设市场准入退出制度,加大对发生重大工程质量、安全责任事故或有其他重大失信行为的企业及负有责任的从业人员的惩戒力度。建立企业和从业人员信用评价结果与资质审批、执业资格注册、资质资格取消等审批审核事项的关联管理机制。建立科学、有效的建设领域从业人员信用评价机制和失信责任追溯制度,将肢解发包、转包、违法分包、拖欠工程款和农民工工资等列入失信责任追究范围。

政府采购领域信用建设。加强政府采购信用管理，强化联动惩戒，保护政府采购当事人的合法权益。制定供应商、评审专家、政府采购代理机构以及相关从业人员的信用记录标准。依法建立政府采购供应商不良行为记录名单，对列入不良行为记录名单的供应商，在一定期限内禁止参加政府采购活动。完善政府采购市场的准入和退出机制，充分利用工商、税务、金融、检察等其他部门提供的信用信息，加强对政府采购当事人和相关人员的信用管理。加快建设全国统一的政府采购管理交易系统，提高政府采购活动透明度，实现信用信息的统一发布和共享。

招标投标领域信用建设。扩大招标投标信用信息公开和共享范围，建立涵盖招标投标情况的信用评价指标和评价标准体系，健全招标投标信用信息公开和共享制度。进一步贯彻落实招标投标违法行为记录公告制度，推动完善奖惩联动机制。依托电子招标投标系统及其公共服务平台，实现招标投标和合同履行等信用信息的互联互通、实时交换和整合共享。鼓励市场主体运用基本信用信息和第三方信用评价结果，并将其作为投标人资格审查、评标、定标和合同签订的重要依据。

交通运输领域信用建设。形成部门规章制度和地方性法规、地方政府规章相结合的交通运输信用法规体系。完善信用考核标准，实施分类考核监管。针对公路、铁路、水路、民航、管道等运输市场不同经营门类分别制定考核指标，加强信用考核评价监督管理，积极引导第三方机构参与信用考核评价，逐步建立交通运输管理机构与社会信用评价机构相结合，具有监督、申诉和复核机制的综合考核评价体系。将各类交通运输违法行为列入失信记录。鼓励和支持各单位在采购交通运输服务、招标投标、人员招聘等方面优先选择信用考核等级高的交通运输企业和从业人员。对失信企业和从业人员,要加强监管和惩戒,逐步建立跨地区、跨行业信用奖惩联动机制。

电子商务领域信用建设。建立健全电子商务企业客户信用管理和交易信用评估制度,加强电子商务企业自身开发和销售信用产品的质量监督。推行电子商务主体身份标识制度,完善网店实名制。加强网店产品质量检查,严厉查处电子商务领域制假售假、传销活动、虚假广告、以次充好、服务违约等欺诈行为。打击内外勾结、伪造流量和商业信誉的行为,对失信主体建立行业限期禁入制度。促进电子商务信用信息与社会其他领域相关信息的交换和共享,推动电子商务与线下交易信用评价。完善电子商务信用服务保障制度,推动信用调查、信用评估、信用担保、信用保险、信用支付、商账管理等第三方信用服务和产品在电子商务中的推广应用。开展电子商务网站可信认证服务工作,推广应用网站可信标识,为电子商务用户识别假冒、钓鱼网站提供手段。

统计领域信用建设。开展企业诚信统计承诺活动,营造诚实报数光荣、失信造假可耻的良好风气。完善统计诚信评价标准体系。建立健全企业统计诚信评价制度和统计从业人员诚信档案。加强执法检查,严厉查处统计领域的弄虚作假行为,建立统计失信行为通报和公开曝光制度。加大对统计失信企业的联合惩戒力度。将统计失信企业名单档案及其违法违规信息纳入金融、工商等行业和部门信用信息系统,将统计信用记录与企业融资、政府补贴、工商注册登记等直接挂钩，切实强化对统计失信行为的惩戒和制约。

中介服务业信用建设。建立完善中介服务机构及其从业人员的信用记录和披露制度，并作为市场行政执法部门实施信用分类管理的重要依据。重点加强公证仲裁类、律师类、会计类、担保类、鉴证类、检验检测类、评估类、认证类、代理类、经纪类、职业介绍类、咨询类、交易类等机构信用分类管理，探索建立科学合理的评估指标体系、评估制度和工作机制。

会展、广告领域信用建设。推动展会主办机构诚信办展，践行诚信服务公约，建立信用档案和违法违规单位信息披露制度，推广信用服务和产品的应用。加强广告业诚信建设，建立健全广告业信用分类管理制度，打击各类虚假广告，突出广告制作、传播环节各参与者责任，完善广告活动主体失信惩戒机制和严重失信淘汰机制。

企业诚信管理制度建设。开展各行业企业诚信承诺活动，加大诚信企业示范宣传和典型失信案件曝光力度，引导企业增强社会责任感，在生产经营、财务管理和劳动用工管理等各环节中强化信用自律，改善商务信用生态环境。鼓励企业建立客户档案、开展客户诚信评价，将客户诚信交易记录纳入应收账款管理、信用销售授信额度计量，建立科学的企业信用管理流程，防范信用风险，提升企业综合竞争力。强化企业在发债、借款、担保等债权债务信用交易及生产经营活动中诚信履约。鼓励和支持有条件的企业设立信用管理师。鼓励企业建立内部职工诚信考核与评价制度。加强供水、供电、供热、燃气、电信、铁路、航空等关系人民群众日常生活行业企业的自身信用建设。

(三) 全面推进社会诚信建设

社会诚信是社会信用体系建设的基础，社会成员之间只有以诚相待、以信为本，才会形成和谐友爱的人际关系，才能促进社会文明进步，实现社会和谐稳定和长治久安。

医药卫生和计划生育领域信用建设。加强医疗卫生机构信用管理和行业诚信作风建设。树立大医精诚的价值理念，坚持仁心仁术的执业操守。培育诚信执业、诚信采购、诚信诊疗、诚信收费、诚信医保理念，坚持合理检查、合理用药、合理治疗、合理收费等诚信医疗服务准则，全面建立药品价格、医疗服务价格公示制度，开展诚信医院、诚信药店创建活动，制定医疗机构和执业医师、药师、护士等医务人员信用评价指标标准，推进医院评审评价和医师定期考核，开展医务人员医德综合评价，惩戒收受贿赂、过度诊疗等违法和失信行为，建立诚信医疗服务体系。加快完善药品安全领域信用制度，建立药品研发、生产和流通企业信用档案。积极开展以"诚信至上，以质取胜"为主题的药品安全诚信承诺活动，切实提高药品安全信用监管水平，严厉打击制假贩假行为，保障人民群众用药安全有效。加强人口计生领域信用建设，开展人口和计划生育信用信息共享工作。

社会保障领域信用建设。在救灾、救助、养老、社会保险、慈善、彩票等方面，建立全面的诚信制度，打击各类诈捐骗捐等失信行为。建立健全社会救助、保障性住房等民生政策实施中的申请、审核、退出等各环节的诚信制度，加强对申请相关民生政策的条件审核，强化对社会救助动态管理及保障房使用的监管，将失信和违规的个人纳入信用黑名单。构建居民家庭经济状况核对信息系统，建立和完善低收入家庭认定机制，确保社会救助、保障性住房等民生政策公平、公正和健康运行。建立健全社会保险诚信管理制度，加强社会保险经办管理，加强社会保险领域的劳动保障监督执法，规范参保缴费行为，加大对医保定点医院、定点药店、工伤保险协议医疗机构等社会保险协议服务机构及其工作人员、各类参保人员的违规、欺诈、骗保等行为的惩戒力度，防止和打击各种骗保行为。进一步完善社会保险基金管理制度，提高基金征收、管理、支付等各环节的透明度，推动社会保险诚信制度建设，规范参保缴费行为，确保社会保险基金的安全运行。

劳动用工领域信用建设。进一步落实和完善企业劳动保障守法诚信制度，制定重大劳动保障违法行为社会公示办法。建立用人单位拖欠工资违法行为公示制度，健全用人单位劳动保障诚信等级评价办法。规范用工行为，加强对劳动合同履行和仲裁的管理，推动企业积极开展和谐劳动关系创建活动。加强劳动保障监督执法，加大对违法行为的打击力度。加强人力资源市场诚信建设，规范职业中介行为，打击各种黑中介、黑用工等违法失信行为。

教育、科研领域信用建设。加强教师和科研人员诚信教育。开展教师诚信承诺活动，自觉接受广大学生、家长和社会各界的监督。发挥教师诚信执教、为人师表的影响作用。加强学生诚信教育，培养诚实守信良好习惯，为提高全民族诚信素质奠定基础。探索建立教育机构及其从业人员、教师和学生、科研机构和科技社团及科研人员的信用评价制度,将信用评价与考试招生、学籍管理、学历学位授予、科研项目立项、专业技术职务评聘、岗位聘用、评选表彰等挂钩,努力解决学历造假、论文抄袭、学术不端、考试招生作弊等问题。

文化、体育、旅游领域信用建设。依托全国文化市场技术监管与公共服务平台,建立健全娱乐、演出、艺术品、网络文化等领域文化企业主体、从业人员以及文化产品的信用信息数据库;依法制定文化市场诚信管理措施,加强文化市场动态监管。制定职业体育从业人员诚信从业准则,建立职业体育从业人员、职业体育俱乐部和中介企业信用等级的第三方评估制度,推进相关信用信息记录和信用评级在参加或举办职业体育赛事、职业体育准入、转会等方面广泛运用。制定旅游从业人员诚信服务准则,建立旅游业消费者意见反馈和投诉记录与公开制度,建立旅行社、旅游景区和宾馆饭店信用等级第三方评估制度。

知识产权领域信用建设。建立健全知识产权诚信管理制度,出台知识产权保护信用评价办法。重点打击侵犯知识产权和制售假冒伪劣商品行为,将知识产权侵权行为信息纳入失信记录,强化对盗版侵权等知识产权侵权失信行为的联合惩戒,提升全社会的知识产权保护意识。开展知识产权服务机构信用建设,探索建立各类知识产权服务标准化体系和诚信评价制度。

环境保护和能源节约领域信用建设。推进国家环境监测、信息与统计能力建设,加强环保信用数据的采集和整理,实现环境保护工作业务协同和信息共享,完善环境信息公开目录。建立环境管理、监测信息公开制度。完善环评文件责任追究机制,建立环评机构及其从业人员、评估专家诚信档案数据库,强化对环评机构及其从业人员、评估专家的信用考核分类监管。建立企业对所排放污染物开展自行监测并公布污染物排放情况以及突发环境事件发生和处理情况制度。建立企业环境行为信用评价制度，定期发布评价结果，并组织开展动态分类管理，根据企业的信用等级予以相应的鼓励、警示或惩戒。完善企业环境行为信用信息共享机制，加强与银行、证券、保险、商务等部门的联动。加强国家能源利用数据统计、分析与信息上报能力建设。加强重点用能单位节能目标责任考核，定期公布考核结果，研究建立重点用能单位信用评价机制。强化对能源审计、节能评估和审查机构及其从业人员的信用评级和监管。研究开展节能服务公司信用评价工作，并逐步向全社会定期发布信用评级结果。加强对环资项目评审专家从业情况的信用考核管理。

社会组织诚信建设。依托法人单位信息资源库，加快完善社会组织登记管理信息。健全社会组织信息公开制度，引导社会组织提升运作的公开性和透明度，规范社会组织信息公开行为。把诚信建设内容纳入各类社会组织章程，强化社会组织诚信自律，提高社会组织公信力。发挥行业协会（商会）在行业信用建设中的作用，加强会员诚信宣传教育和培训。

自然人信用建设。突出自然人信用建设在社会信用体系建设中的基础性作用，依托国家人口信息资源库，建立完善自然人在经济社会活动中的信用记录，实现全国范围内自然人信用记录全覆盖。加强重点人群职业信用建设，建立公务员、企业法定代表人、律师、会计从业人员、注册会计师、统计从业人员、注册税务师、审计师、评估师、认证和检验检测从业人员、证券期货从业人员、上市公司高管人员、保险经纪人、医务人员、教师、科研人员、专利服务从业人员、项目经理、新闻媒体从业人员、导游、执业兽医等人员信用记录，推广使用职业信用报告，引导职业道德建设与行为规范。

互联网应用及服务领域信用建设。大力推进网络诚信建设，培育依法办网、诚信用网理念，逐步落实网络实名制，完善网络信用建设的法律保障，大力推进网络信用监管机制建设。建立网络信用评价体系，对互联网企业的服务经营行为、上网人员的网上行为进行信用评估，记录信用等级。建立涵盖互联网企业、上网个人的网络信用档案，积极推进建立网络信用信息与社会其他领域相关信用信息的交换共享机制，大力推动网络信用信息在社会各领域推广应用。建立网络信用黑名单制度，将实施网络欺诈、造谣传谣、侵害他人合法权益等严重网络失信行为的企业、个人列入黑名单，对列入黑名单的主体采取网上行为限制、行业禁入等措施，通报相关部门并进行公开曝光。

（四）大力推进司法公信建设

司法公信是社会信用体系建设的重要内容，是树立司法权威的前提，是社会公平正义的底线。

法院公信建设。提升司法审判信息化水平，实现覆盖审判工作全过程的全国四级法院审判信息互联互通。推进强制执行案件信息公开，完善执行联动机制，提高生效法律文书执行率。发挥审判职能作用，鼓励诚信交易、倡导互信合作，制裁商业欺诈和恣意违约毁约等失信行为，引导诚实守信风尚。

检察公信建设。进一步深化检务公开，创新检务公开的手段和途径,广泛听取群众意见,保障人民群众对检察工作的知情权、参与权、表达权和监督权。继续推行"阳光办案",严格管理制度,强化内外部监督,建立健全专项检查、同步监督、责任追究机制。充分发挥法律监督职能作用,加大查办和预防职务犯罪力度,促进诚信建设。完善行贿犯罪档案查询制度,规范和加强查询工作管理,建立健全行贿犯罪档案查询与应用的社会联动机制。

公共安全领域公信建设。全面推行"阳光执法",依法及时公开执法办案的制度规范、程序时限等信息,对于办案进展等不宜向社会公开,但涉及特定权利义务、需要特定对象知悉的信息,应当告知特定对象,或者为特定对象提供查询服务。进一步加强人口信息同各地区、各部门信息资源的交换和共享,完善国家人口信息资源库建设。将公民交通安全违法情况纳入诚信档案,促进全社会成员提高交通安全意识。定期向社会公开火灾高危单位消防安全评估结果,并作为单位信用等级的重要参考依据。将社会单位遵守消防安全法律法规情况纳入诚信管理,强化社会单位消防安全主体责任。

司法行政系统公信建设。进一步提高监狱、戒毒场所、社区矫正机构管理的规范化、制度化水平,维护服刑人员、戒毒人员、社区矫正人员合法权益。大力推进司法行政信息公开,进一步规范和创新律师、公证、基层法律服务、法律援助、司法考试、司法鉴定等信息管理和披露手段,保障人民群众的知情权。

司法执法和从业人员信用建设。建立各级公安、司法行政等工作人员信用档案,依法依规将徇私枉法以及不作为等不良记录纳入档案,并作为考核评价和奖惩依据。推进律师、公证员、基层法律服务工作者、法律援助人员、司法鉴定人员等诚信规范执业。建立司法从业人员诚信承诺制度。

健全促进司法公信的制度基础。深化司法体制和工作机制改革,推进执法规范化建设,严密执法程序,坚持有法必依、违法必究和法律面前人人平等,提高司法工作的科学化、制度化和规范化水平。充分发挥人大、政协和社会公众对司法工作的监督作用,完善司法机关之间的相互监督制约机制,强化司法机关的内部监督,实现以监督促公平、促公正、促公信。

三、加强诚信教育与诚信文化建设

诚信教育与诚信文化建设是引领社会成员诚信自律、提升社会成员道德素养的重要途径,是社会主义核心价值体系建设的重要内容。

(一) 普及诚信教育

以建设社会主义核心价值体系、培育和践行社会主义核心价值观为根本,将诚信教育贯穿公民道德建设和精神文明创建全过程。推进公民道德建设工程,加强社会公德、职业道德、家庭美德和个人品德教育,传承中华传统美德,弘扬时代新风,在全社会形成"以诚实守信为荣、以见利忘义为耻"的良好风尚。

在各级各类教育和培训中进一步充实诚信教育内容。大力开展信用宣传普及教育进机关、进企业、进学校、进社区、进村屯、进家庭活动。

建好用好道德讲堂，倡导爱国、敬业、诚信、友善等价值理念和道德规范。开展群众道德评议活动，对诚信缺失、不讲信用现象进行分析评议，引导人们诚实守信、遵德守礼。

(二) 加强诚信文化建设

弘扬诚信文化。以社会成员为对象，以诚信宣传为手段，以诚信教育为载体，大力倡导诚信道德规范，弘扬中华民族积极向善、诚实守信的传统文化和现代市场经济的契约精神，形成崇尚诚信、践行诚信的社会风尚。

树立诚信典型。充分发挥电视、广播、报纸、网络等媒体的宣传引导作用，结合道德模范评选和各行业诚信创建活动，树立社会诚信典范，使社会成员学有榜样、赶有目标，使诚实守信成为全社会的自觉追求。

深入开展诚信主题活动。有步骤、有重点地组织开展"诚信活动周"、"质量月"、"安全生产月"、"诚信兴商宣传月"、"3·5"学雷锋活动日、"3·15"国际消费者权益保护日、"6·14"信用记录关爱日、"12·4"全国法制宣传日等公益活动，突出诚信主题，营造诚信和谐的社会氛围。

大力开展重点行业领域诚信问题专项治理。深入开展道德领域突出问题专项教育和治理活动，针对诚信缺失问题突出、诚信建设需求迫切的行业领域开展专项治理，坚决纠正以权谋私、造假欺诈、见利忘义、损人利己的歪风邪气，树立行业诚信风尚。

(三) 加快信用专业人才培养

加强信用管理学科专业建设。把信用管理列为国家经济体制改革与社会治理发展急需的新兴、重点学科，支持有条件的高校设置信用管理专业或开设相关课程，在研究生培养中开设信用管理研究方向。开展信用理论、信用管理、信用技术、信用标准、信用政策等方面研究。

加强信用管理职业培训与专业考评。建立健全信用管理职业培训与专业考评制度。推广信用管理职业资格培训，培养信用管理专业化队伍。促进和加强信用从业人员、信用管理人员的交流与培训，为社会信用体系建设提供人力资源支撑。

四、加快推进信用信息系统建设和应用

健全社会成员信用记录是社会信用体系建设的基本要求。发挥行业、地方、市场的力量和作用，加快推进信用信息系统建设，完善信用信息的记录、整合和应用，是形成守信激励和失信惩戒机制的基础和前提。

（一）行业信用信息系统建设

加强重点领域信用记录建设。以工商、纳税、价格、进出口、安全生产、产品质量、环境保护、食品药品、医疗卫生、知识产权、流通服务、工程建设、电子商务、交通运输、合同履约、人力资源和社会保障、教育科研等领域为重点，完善行业信用记录和从业人员信用档案。

建立行业信用信息数据库。各部门要以数据标准化和应用标准化为原则，依托国家各项重大信息化工程，整合行业内的信用信息资源，实现信用记录的电子化存储，加快建设信用信息系统，加快推进行业间信用信息互联互通。各行业分别负责本行业信用信息的组织与发布。

（二）地方信用信息系统建设

加快推进政务信用信息整合。各地区要对本地区各部门、各单位履行公共管理职能过程中产生的信用信息进行记录、完善、整合,形成统一的信用信息共享平台,为企业、个人和社会征信机构等查询政务信用信息提供便利。

加强地区内信用信息的应用。各地区要制定政务信用信息公开目录,形成信息公开的监督机制。大力推进本地区各部门、各单位政务信用信息的交换与共享,在公共管理中加强信用信息应用,提高履职效率。

(三)征信系统建设

加快征信系统建设。征信机构开展征信业务,应建立以企事业单位及其他社会组织、个人为对象的征信系统,依法采集、整理、保存、加工企事业单位及其他社会组织、个人的信用信息,并采取合理措施保障信用信息的准确性。各地区、各行业要支持征信机构建立征信系统。

对外提供专业化征信服务。征信机构要根据市场需求,对外提供专业化的征信服务,有序推进信用服务产品创新。建立健全并严格执行内部风险防范、避免利益冲突和保障信息安全的规章制度,依法向客户提供方便、快捷、高效的征信服务,进一步扩大信用报告在银行业、证券业、保险业及政府部门行政执法等多种领域中的应用。

(四)金融业统一征信平台建设

完善金融信用信息基础数据库。继续推进金融信用信息基础数据库建设,提升数据质量,完善系统功能,加强系统安全运行管理,进一步扩大信用报告的覆盖范围,提升系统对外服务水平。

推动金融业统一征信平台建设。继续推动银行、证券、保险、外汇等金融管理部门之间信用信息系统的链接，推动金融业统一征信平台建设，推进金融监管部门信用信息的交换与共享。

（五）推进信用信息的交换与共享

逐步推进政务信用信息的交换与共享。各地区、各行业要以需求为导向，在保护隐私、责任明确、数据及时准确的前提下，按照风险分散的原则，建立信用信息交换共享机制，统筹利用现有信用信息系统基础设施，依法推进各信用信息系统的互联互通和信用信息的交换共享，逐步形成覆盖全部信用主体、所有信用信息类别、全国所有区域的信用信息网络。各行业主管部门要对信用信息进行分类分级管理，确定查询权限，特殊查询需求特殊申请。

依法推进政务信用信息系统与征信系统间的信息交换与共享。发挥市场激励机制的作用，鼓励社会征信机构加强对已公开政务信用信息和非政务信用信息的整合，建立面向不同对象的征信服务产品体系，满足社会多层次、多样化和专业化的征信服务需求。

五、完善以奖惩制度为重点的社会信用体系运行机制

运行机制是保障社会信用体系各系统协调运行的制度基础。其中，守信激励和失信惩戒机制直接作用于各个社会主体信用行为，是社会信用体系运行的核心机制。

（一）构建守信激励和失信惩戒机制

加强对守信主体的奖励和激励。加大对守信行为的表彰和宣传力度。按规定对诚信企业和模范个人给予表彰，通过新闻媒体广泛宣传，营造守信光荣的舆论氛围。发展改革、财政、

金融、环境保护、住房城乡建设、交通运输、商务、工商、税务、质检、安全监管、海关、知识产权等部门,在市场监管和公共服务过程中,要深化信用信息和信用产品的应用,对诚实守信者实行优先办理、简化程序等"绿色通道"支持激励政策。

加强对失信主体的约束和惩戒。强化行政监管性约束和惩戒。在现有行政处罚措施的基础上,健全失信惩戒制度,建立各行业黑名单制度和市场退出机制。推动各级人民政府在市场监管和公共服务的市场准入、资质认定、行政审批、政策扶持等方面实施信用分类监管,结合监管对象的失信类别和程度,使失信者受到惩戒。逐步建立行政许可申请人信用承诺制度,并开展申请人信用审查,确保申请人在政府推荐的征信机构中有信用记录,配合征信机构开展信用信息采集工作。推动形成市场性约束和惩戒。制定信用基准性评价指标体系和评价方法,完善失信信息记录和披露制度,使失信者在市场交易中受到制约。推动形成行业性约束和惩戒。通过行业协会制定行业自律规则并监督会员遵守。对违规的失信者,按照情节轻重,对机构会员和个人会员实行警告、行业内通报批评、公开谴责等惩戒措施。推动形成社会性约束和惩戒。完善社会舆论监督机制,加强对失信行为的披露和曝光,发挥群众评议讨论、批评报道等作用,通过社会的道德谴责,形成社会震慑力,约束社会成员的失信行为。

建立失信行为有奖举报制度。切实落实对举报人的奖励,保护举报人的合法权益。

建立多部门、跨地区信用联合奖惩机制。通过信用信息交换共享,实现多部门、跨地区信用奖惩联动,使守信者处处受益、失信者寸步难行。

(二) 建立健全信用法律法规和标准体系

完善信用法律法规体系。推进信用立法工作，使信用信息征集、查询、应用、互联互通、信用信息安全和主体权益保护等有法可依。出台《征信业管理条例》相关配套制度和实施细则，建立异议处理、投诉办理和侵权责任追究制度。

推进行业、部门和地方信用制度建设。各地区、各部门分别根据本地区、相关行业信用体系建设的需要，制定地区或行业信用建设的规章制度，明确信用信息记录主体的责任，保证信用信息的客观、真实、准确和及时更新，完善信用信息共享公开制度，推动信用信息资源的有序开发利用。

建立信用信息分类管理制度。制定信用信息目录，明确信用信息分类，按照信用信息的属性，结合保护个人隐私和商业秘密，依法推进信用信息在采集、共享、使用、公开等环节的分类管理。加大对贩卖个人隐私和商业秘密行为的查处力度。

加快信用信息标准体系建设。制定全国统一的信用信息采集和分类管理标准，统一信用指标目录和建设规范。

建立统一社会信用代码制度。建立自然人、法人和其他组织统一社会信用代码制度。完善相关制度标准，推动在经济社会活动中广泛使用统一社会信用代码。

(三) 培育和规范信用服务市场

发展各类信用服务机构。逐步建立公共信用服务机构和社会信用服务机构互为补充、信用信息基础服务和增值服务相辅相成的多层次、全方位的信用服务组织体系。

推进并规范信用评级行业发展。培育发展本土评级机构，增强我国评级机构的国际影响力。规范发展信用评级市场，提高信用评级行业的整体公信力。探索创新双评级、再评级制度。鼓励我国评级机构参与国际竞争和制定国际标准，加强与其他国家信用评级机构的协调和合作。

推动信用服务产品广泛运用。拓展信用服务产品应用范围，加大信用服务产品在社会治理和市场交易中的应用。鼓励信用服务产品开发和创新，推动信用保险、信用担保、商业保理、履约担保、信用管理咨询及培训等信用服务业务发展。

建立政务信用信息有序开放制度。明确政务信用信息的开放分类和基本目录，有序扩大政务信用信息对社会的开放，优化信用调查、信用评级和信用管理等行业的发展环境。

完善信用服务市场监管体制。根据信用服务市场、机构业务的不同特点，依法实施分类监管，完善监管制度，明确监管职责，切实维护市场秩序。推动制定信用服务相关法律制度，建立信用服务机构准入与退出机制，实现从业资格认定的公开透明，进一步完善信用服务业务规范，促进信用服务业健康发展。

推动信用服务机构完善法人治理。强化信用服务机构内部控制，完善约束机制，提升信用服务质量。

加强信用服务机构自身信用建设。信用服务机构要确立行为准则，加强规范管理，提高服务质量，坚持公正性和独立性，提升公信力。鼓励各类信用服务机构设立首席信用监督官，加强自身信用管理。

加强信用服务行业自律。推动建立信用服务行业自律组织，在组织内建立信用服务机构和从业人员基本行为准则和业务规范，强化自律约束，全面提升信用服务机构诚信水平。

（四）保护信用信息主体权益

健全信用信息主体权益保护机制。充分发挥行政监管、行业自律和社会监督在信用信息主体权益保护中的作用，综合运用法律、经济和行政等手段，切实保护信用信息主体权益。加强对信用信息主体的引导教育，不断增强其维护自身合法权益的意识。

建立自我纠错、主动自新的社会鼓励与关爱机制。以建立针对未成年人失信行为的教育机制为重点，通过对已悔过改正旧有轻微失信行为的社会成员予以适当保护，形成守信正向激励机制。

建立信用信息侵权责任追究机制。制定信用信息异议处理、投诉办理、诉讼管理制度及操作细则。进一步加大执法力度，对信用服务机构泄露国家秘密、商业秘密和侵犯个人隐私等违法行为，依法予以严厉处罚。通过各类媒体披露各种侵害信息主体权益的行为，强化社会监督作用。

（五）强化信用信息安全管理

健全信用信息安全管理体制。完善信用信息保护和网络信任体系，建立健全信用信息安全监控体系。加大信用信息安全监督检查力度，开展信用信息安全风险评估，实行信用信息安全等级保护。开展信用信息系统安全认证，加强信用信息服务系统安全管理。建立和完善信用信息安全应急处理机制。加强信用信息安全基础设施建设。

加强信用服务机构信用信息安全内部管理。强化信用服务机构信息安全防护能力,加大安全保障、技术研发和资金投入,高起点、高标准建设信用信息安全保障系统。依法制定和实施信用信息采集、整理、加工、保存、使用等方面的规章制度。

六、建立实施支撑体系

(一)强化责任落实

各地区、各部门要统一思想,按照本规划纲要总体要求,成立规划纲要推进小组,根据职责分工和工作实际,制定具体落实方案。

各地区、各部门要定期对本地区、相关行业社会信用体系建设情况进行总结和评估,及时发现问题并提出改进措施。

对社会信用体系建设成效突出的地区、部门和单位,按规定予以表彰。对推进不力、失信现象多发地区、部门和单位的负责人,按规定实施行政问责。

(二)加大政策支持

各级人民政府要根据社会信用体系建设需要,将应由政府负担的经费纳入财政预算予以保障。加大对信用基础设施建设、重点领域创新示范工程等方面的资金支持。

鼓励各地区、各部门结合规划纲要部署和自身工作实际,在社会信用体系建设创新示范领域先行先试,并在政府投资、融资安排等方面给予支持。

(三)实施专项工程

政务信息公开工程。深入贯彻实施《中华人民共和国政府信息公开条例》,按照主动公开、依申请公开进行分类管理,切实加大政务信息公开力度,树立公开、透明的政府形象。

农村信用体系建设工程。为农户、农场、农民合作社、休闲农业和农产品生产、加工企业等农村社会成员建立信用档案，夯实农村信用体系建设的基础。开展信用户、信用村、信用乡（镇）创建活动，深入推进青年信用示范户工作，发挥典型示范作用，使农民在参与中受到教育，得到实惠，在实践中提高信用意识。推进农产品生产、加工、流通企业和休闲农业等涉农企业信用建设。建立健全农民信用联保制度，推进和发展农业保险，完善农村信用担保体系。

小微企业信用体系建设工程。建立健全适合小微企业特点的信用记录和评价体系，完善小微企业信用信息查询、共享服务网络及区域性小微企业信用记录。引导各类信用服务机构为小微企业提供信用服务，创新小微企业集合信用服务方式，鼓励开展形式多样的小微企业诚信宣传和培训活动，为小微企业便利融资和健康发展营造良好的信用环境。

（四）推动创新示范

地方信用建设综合示范。示范地区率先对本地区各部门、各单位的信用信息进行整合，形成统一的信用信息共享平台，依法向社会有序开放。示范地区各部门在开展经济社会管理和提供公共服务过程中，强化使用信用信息和信用产品，并作为政府管理和服务的必备要件。建立健全社会信用奖惩联动机制，使守信者得到激励和奖励，失信者受到制约和惩戒。对违法违规等典型失信行为予以公开，对严重失信行为加大打击力度。探索建立地方政府信用评价标准和方法，在发行地方政府债券等符合法律法规规定的信用融资活动中试行开展地方政府综合信用评价。

区域信用建设合作示范。探索建立区域信用联动机制，开展区域信用体系建设创新示范，推进信用信息交换共享，实现跨地区信用奖惩联动，优化区域信用环境。

重点领域和行业信用信息应用示范。在食品药品安全、环境保护、安全生产、产品质量、工程建设、电子商务、证券期货、融资担保、政府采购、招标投标等领域，试点推行信用报告制度。

（五）健全组织保障

完善组织协调机制。完善社会信用体系建设部际联席会议制度，充分发挥其统筹协调作用，加强对各地区、各部门社会信用体系建设工作的指导、督促和检查。健全组织机构，各地区、各部门要设立专门机构负责推动社会信用体系建设。成立全国性信用协会，加强行业自律，充分发挥各类社会组织在推进社会信用体系建设中的作用。

建立地方政府推进机制。地方各级人民政府要将社会信用体系建设纳入重要工作日程，推进政务诚信、商务诚信、社会诚信和司法公信建设，加强督查，强化考核，把社会信用体系建设工作作为目标责任考核和政绩考核的重要内容。

建立工作通报和协调制度。社会信用体系建设部际联席会议定期召开工作协调会议，通报工作进展情况，及时研究解决社会信用体系建设中的重大问题。

# 农村信用合作社财务管理实施办法

关于印发《农村信用合作社财务管理实施办法》的通知
国税发〔2000〕101号

各省、自治区、直辖市和计划单列市国家税务局，中国人民银行各分行、营业管理部、省会（首府）城市中心支行合作金融监管处、信用合作管理办公室：

现将《农村信用合作社财务管理实施办法》印发给你，请结合本地实际情况认真贯彻执行，并将执行中的有关情况和问题及时上报。

国家税务总局<br>
中国人民银行<br>
2000年5月26日

## 第一章 总 则

**第一条** 为适应社会主义市场经济需要，规范农村信用合作社财务管理，根据《企业财务通则》、金融企业财务制度及税法等法律、法规规定，制定本办法。

**第二条** 本办法适用于经中国人民银行批准设立的农村信用合作社、农村信用合作社县级联合社（以下简称信用社）。

信用社附属的独立核算的非金融企业，按有关行业财务制度执行。

**第三条** 信用社应实行独立核算、自主经营、自负盈亏、自担风险。其财务管理应当以提高经济效益为中心，建立健全内部财务管理制度，规范财务行为，如实反映经营状况，维护投资者和债权人的合法权益。

**第四条** 信用社的财务工作实行主任负责制，同时接受广大社员的民主管理和监督。有关重大财务事项须经民主管理组织研究决定，并定期向社员代表大会报告其财务状况。各级农村信用合作管理部门对信用社财务工作负有管理、指导、监督职责。

**第五条** 信用社应遵守国家法律、法规和财政、金融政策，并按现行税收法律、法规的规定，依法计算和缴纳国家税收，接受税务机关的税收、财务监督管理。

**第六条** 信用社收入、成本、费用的确认，应遵循权责发生制原则（国家另有规定者除外）。

**第七条** 信用社的财务部门应认真履行财务管理职责，努力做好各项财务收支的计划、控制、考核和分析工作。

## 第二章 所有者权益和负债

**第八条** 所有者权益是投资人对信用社净资产的所有权，

包括实收资本、资本公积、盈余公积和未分配利润。

**第九条** 信用社的实收资本是指信用社社员缴纳的股本金和信用社公积金按法定程序转增形成的资本金。

信用社股权设置必须按《农村信用合作社管理规定》、《农村信用合作社县级联合社管理规定》、《农村信用合作社市（地）联合社管理规定（暂行）》的有关规定办理。

**第十条** 信用社的实收资本按投资主体可分为个人资本金、法人资本金和信用社集体资本金等。

（一）个人资本金：是指社会自然人等以其合法的货币资产投入信用社形成的资本金。

（二）法人资本金：是指各类具有法人资格的经济组织，以其依法可支配的货币资产投入信用社形成的资本金。

（三）信用社集体资本金：是指信用社历年积累按规定转作实收资本形成的资本金。

**第十一条** 投资者应按照出资比例或信用社章程规定，分享收益和承担风险。信用社社员经本社理事会同意后，可以退股。

**第十二条** 投资者投入信用社的资本，应按实际投入数额计价。信用社对实收资本依法享有经营权。

**第十三条** 信用社的资本公积包括：在筹集资本过程中，投资者实际缴付的出资额超出其认缴出资额的差额；接受捐赠的资产；按国家规定增加的资本公积。

资本公积可按法定程序转增资本金。

**第十四条** 信用社的盈余公积包括信用社从税后利润中提取的法定盈余公积和公益金。

法定盈余公积可用于弥补亏损和转增资本金。法定盈余公积按规定转增资本金后，留存的法定盈余公积不得少于实收资本的25%。

**第十五条** 未分配利润是指信用社留于以后年度分配的利润或待分配利润。

**第十六条** 信用社的固定资产净值与在建工程之和占所有者权益（不含未分配利润）比例最高不得超过50%。

**第十七条** 信用社的负债包括吸收的各项存款、各项借入资金、金融机构存放资金、各种应付和预收款项以及发行的债券和其他负债等。负债按承担经济义务的期限长短，分为流动负债和长期负债，其中：流动负债为1年期（含1年）以下的各项负债；长期负债为1年期以上的各项负债。

各项负债按实际发生额计价。发行债券按债券面值计价，实际收到的价款高于或低于债券面值的差额，在债券到期前分期冲减或增加利息支出。发行债券发生的各种费用，计入当期损益。

**第十八条** 信用社以负债形式筹集的资金，按照国家规定的适用利率及提取应付利息的范围和方法，分档次计提应付利息，计入成本。实际支付给债权人的利息，冲减应付利息。当年实付利息大于应付利息余额的差额部分以及不提取应付利息的各项负债的实付利息，直接计入当期损益。

## 第三章　固定资产

**第十九条** 固定资产是指使用年限在1年（不含1年）以

上，单位价值在 2,000 元（不含 2000 元）以上，并在使用过程中保持原有物质形态的资产，包括房屋及建筑物、电子设备、运输设备、机器设备、工具器具等。

当一项固定资产的某组成部分在使用效能上与该项资产相对独立，并且具有不同使用年限时，应将该组成部分单独确认为固定资产。

信用社因业务需要而购建的大、中型计算机网络（包括硬件购置费及软件开发、购置费），应作为固定资产进行管理。

**第二十条** 不符合固定资产条件的物品，为低值易耗品。

下列物品，不论单位价值大小，均为低值易耗品：密押机、点钞机、铁皮柜、保险柜、打捆机、计息机、记账机、验钞机、印鉴鉴别仪、微机及打印机、打码机、压数机、打孔机等。低值易耗品可一次或分期摊入成本。采用分期摊入成本的，摊销期限最长不得超过 2 年。

**第二十一条** 固定资产按下列原则计价：

（一）自行建造的固定资产，按建造过程中实际发生的全部支出计价。

（二）购入的固定资产，以买价加上支付的运输费、途中保险费、包装费、安装费和缴纳的税金等计价。需要改装后才能使用的固定资产，还应加上改装费。信用社用借款和发行债券购建固定资产时，在购建期间发生的利息支出和外币折价差额，计入固定资产价值。

（三）在原有固定资产基础上改建、扩建的，按原固定资产的价值加上改建、扩建发生的实际支出，扣除改建、扩建过程中产生的变价收入后的金额计价。

（四）接受捐赠的固定资产，按所附票据或资产验收清单所列金额，加上由信用社负担的运输、保险、安装等费用计价。无发票账单的，根据同类固定资产的市价计价。

（五）融资租入的固定资产（房屋、建筑物等不动产除外），按租赁合同或协议确定的价款加上支付的运输费、途中保险费、包装费、安装费、利息支出和外币折合差额等计价。

（六）盘盈的固定资产，按照同类固定资产的重置价值（指按现行市场价格重新购置某项固定资产所需支付的金额）计价。

（七）换取的固定资产，是指用本信用社的固定资产，交换取得其他企业、单位或个人资产，作为本信用社的固定资产。

换取的固定资产，以重置价值为原值，以换出固定资产的合同或协议确定的价值加上（或减去）另外支付（或收取）的金额为净值。换出固定资产的合同或协议确定的价值与其账面净值的差额作为当期损益。

信用社购建固定资产缴纳的增值税和耕地占用税等应计入固定资产价值。

第二十二条　信用社要定期或不定期地对固定资产进行全面的盘点、清查，每年不得少于一次。对盘盈、盘亏、报废、毁损的固定资产，应查明原因，明确责任，及时处理。

信用社固定资产有偿转让、清理、报废和盘盈、盘亏、毁损的净收益或净损失，计入营业外收入或营业外支出。

第二十三条　信用社发生固定资产产权转移、兼并、清算等事宜时，均应对固定资产价值进行评估。

第二十四条　信用社在建工程包括施工前期准备、正在施工中和虽已完工但尚未交付使用的建筑工程和安装工程。在建工程按实际成本计价。

**第二十五条** 在建工程发生毁损或报废，在扣除残料价值和过失人或者保险公司等赔款后的净损失，计入施工的工程成本。单项工程报废以及由于非常原因造成的毁损或者报废的净损失，在筹建期间发生的，计入开办费，在投入使用以后发生的计入营业外支出。

**第二十六条** 虽已交付使用但尚未办理竣工决算的工程，自交付使用之日起，按照工程预算、造价或者工程成本等资料，估价转入固定资产，并按规定计提折旧。竣工决算办理完毕后，按照决算数调整估价和已计提的折旧。

**第二十七条** 信用社应按月（或季）计提固定资产折旧，计入当期成本。当月投入使用的固定资产，从投入使用月份的次月起计提折旧；当月停止使用的固定资产，从停用月份的次月起停止计提折旧。

**第二十八条** 信用社的下列固定资产提取折旧：

（一）房屋和建筑物；

（二）在用的各类设备；

（三）季节性停用、维修停用的设备；

（四）以经营租赁方式租出的固定资产；

（五）以融资租赁方式租入（房屋、建筑物等不动产除外）的固定资产。

**第二十九条** 下列固定资产不计提折旧：

（一）已估价单独入账的土地；

（二）房屋和建筑物以外的未使用、不需用的固定资产；

（三）建设工程交付使用前的固定资产；

（四）以经营租赁方式租入的固定资产；

（五）已提足折旧继续使用的固定资产；

（六）提前报废和淘汰的固定资产；

（七）国家规定其他不计提折旧的固定资产。

**第三十条** 固定资产折旧率应按固定资产原值、预计净残值率和分类折旧年限计算确定。净残值率一般按固定资产原值的3%-5%确定（对清理费用大于或等于残值的，净残值率可以从简不计）。各信用社固定资产具体折旧年限，可根据实际情况，在规定的固定资产分类折旧年限基础上，由市、县联社商同级国家税务局统一确定。

固定资产折旧年限按不低于以下规定的年限掌握：

（一）房屋、建筑物为20年；

（二）机器、机械及其他设备为10年；

（三）电子设备、运输工具、器具、家具等为5年。

**第三十一条** 信用社应按分类折旧方法计提固定资产折旧。分类折旧一般采用平均年限法和工作量法。技术进步较快或工作环境对使用寿命影响较大的固定资产，可采用双倍余额递减法或年数总和法。具体计算方法如下：

（一）平均年限法的计算公式：

年折旧率＝（1-预计净残值率）÷折旧年限×100%

季折旧额＝原值×年折旧率÷4

月折旧额＝原值×年折旧率÷12

（二）工作量法的计算公式：

1. 单位里程折旧额＝原值×（1-预计净残值率）÷规定的总行驶里程

2. 每工作小时折旧额＝原值×（1－预计净残值率）÷规定的工作小时

（三）双倍余额递减法的计算公式：

年折旧率＝2÷折旧年限×100%

季折旧额＝净值×年折旧率÷4

月折旧额＝净值×年折旧率÷12

实行双倍余额递减法提取折旧的固定资产，应在其折旧年限到期前2年内，将其净值平均摊销。

（四）年数总和法的计算公式：

年折旧率＝2×（折旧年限－已使用年数）÷折旧年限×（折旧年限+1）×100%

季折旧额＝原值×（1－预计净残值率）×年折旧率÷4

月折旧额＝原值×（1－预计净残值率）×年折旧率÷12

**第三十二条** 按照上述规定，信用社可选择具体的折旧方法，并报主管税务机关备案。

折旧方法和折旧年限一经确定，不得随意变更。需要变更的，须在变更年度以前，由信用社提出申请，报主管税务机关批准。

**第三十三条** 信用社发生的固定资产修理费（包括装修费）支出，计入当期成本。修理费用发生不均衡的，可作为递延资产分期摊入成本。

**第三十四条** 信用社要加强固定资产的日常管理，设立明细账卡，正确、全面、及时地记录固定资产的增减变化情况，并建立健全专人负责和维修保养制度。对新增固定资产，要履行报批手续。具体审批权限由各省、自治区、直辖市农村信用合作管理部门确定。

第三十五条 信用社不得以融资租赁的方式租入房屋、建筑物等不动产性质的固定资产,也不得以融资租赁的方式租出固定资产。

第三十六条 信用社应建立低值易耗品采购、领用、报损和核销制度。有变价收入时,要及时计入当期损益。

## 第四章 现金资产

第三十七条 信用社的现金资产包括库存本外币现金、业务周转金、库存金银、存款准备金、结算备付金、存放同业的款项以及其他形式的现金资产。

第三十八条 信用社发生的出纳长短款、结算业务的差错款等,按规定的权限审批后,分别计入营业外收入或营业外支出。

第三十九条 信用社发生金银、外汇买卖和外汇汇兑业务时,因价格、汇率变动与账面原值的差额,计入当期损益。

## 第五章 贷　款

第四十条 信用社贷款应当按照国家产业政策和农村经济发展的需要,坚持效益性、安全性、流动性的经营原则,建立规范的贷款审批制度和监督控制制度,严格执行国家利率政策,按期回收贷款的本金和利息,并接受金融管理机关及有关部门的监管。

**第四十一条** 信用社发放贷款的本金按实际发生额计价入账，并按国家规定的适用利率坚持按年、按季、按月结息。对未到期跨年度的贷款（含展期）的应收未收利息，应计入当期损益。对超过原约定期限（含展期）未收回的贷款，计算应收利息，但不列入当期损益，实际收到利息时计入当期损益。

**第四十二条** 信用社贴现贷款按贴现票据的面值计价入账，贴现票据价值与支付给贴现申请人款项之间的差额，作为贴现利息收入计入当期损益。

**第四十三条** 信用社发放的抵押、质押贷款，其抵押物、质押物以双方协商议定或权威评估机构评估确认的价值为准，评估部门的评估费用不得由贷款人（信用社）承担。抵押物、质押物的价值一般不得低于贷款本金的1.5倍。

借款人用作抵押物、质押物的价值若大大高于贷款金额，可以以该物品能准确划分的某组成部分为抵押物、质押物，但该物品必须能准确地确定其价值、且便于以后进行收回贷款。

**第四十四条** 信用社从事经营性租赁业务的租赁资产，按原值计价。租赁业务取得的收入，按规定计入当期损益，列营业外收入。

**第四十五条** 信用社应建立和完善贷款质量监管制度，对不良贷款进行分类、登记、考核、催收。

不良贷款包括逾期贷款、呆滞贷款、呆账贷款。

逾期贷款是指借款合同约定到期未归还的贷款（不包括呆滞和呆账贷款）。展期后未到期的贷款，不作为逾期贷款。

呆滞贷款是指逾期2年（含2年）仍未归还的贷款，以及贷款虽未逾期或逾期不满2年，但生产经营已终止、项目已停建的贷款（不包括呆账贷款）。

呆账贷款是指：（1）借款人和担保人被依法宣告破产，进行清偿后，未能还清的贷款；（2）借款人死亡或者依照《中华人民共和国民法通则》的规定，宣告失踪或宣告死亡，以其财产或遗产清偿后，未能还清的贷款；（3）借款人遭受重大自然灾害或意外事故，损失巨大且不能获得补偿，确实无力偿还的部分或全部贷款，或者以保险清偿后，未能还清的贷款；（4）贷款人依法处置贷款抵押物、质押物所得价款不足补偿抵押、质押贷款的部分；（5）贷款本金逾期 2 年，贷款人向法院申请诉讼，经法院裁判后仍不能收回的贷款，或不符合上述规定的条件，但经有关部门认定，借款人或担保人事实上已经破产、被撤销、解散在 3 年以上，进行清偿后，仍未能还清的贷款；（6）借款人触犯刑律，依法受到制裁，处理的财产不足归还所欠贷款，又无另外债务承担者，确认无法收回的贷款；（7）其他经国家税务总局批准核销的贷款。

**第四十六条** 信用社的呆账贷款，应按规定的核销办法从呆账准备金中核销。有关呆账贷款的核销办法另行制定。

## 第六章 抵债资产

**第四十七条** 抵债资产是指借款人不能按约归还贷款，以借款人、担保人的资产抵偿所欠信用社贷款本息而形成的待处理资产。

抵债资产应按以下规定掌握：

（一）已依法设定抵押、质押的抵押物、质押物；

（二）抵押物、质押物以外的其他具有价值和使用价值，且易于保值、保管和变现的财产；

（三）《中华人民共和国担保法》禁止抵押或质押的财产不得做为抵债资产；

（四）无形资产不得作为抵债资产；

（五）信用社认为不宜作为抵还贷款的其他资产。

**第四十八条** 信用社可根据贷款合同及有关法律规定，按照法定程序取得抵债资产的所有权和使用权或处置权（以下简称取得抵债资产）。取得抵债资产的方式主要有以下几种：

（一）由借款人、贷款人、担保人三方协商并签定具有法律效力的协议书；

（二）经仲裁机构仲裁决定；

（三）人民法院判决或裁定。

**第四十九条** 信用社取得的抵债资产原则上不准自用，必须组织拍卖或按规定通过其他方式变现。抵债资产在变现之前，列入待处理抵债资产单独进行管理。由于特殊情况需要自用的，作为本社新购入资产处理，其中，固定资产应按规定办理相应的购建审批手续。

抵债资产不得随意处理给本信用社职工及家属。

**第五十条** 信用社取得的抵债资产当即变现的，其变现所取得的净收入（即：变现所取得的收入扣除取得和变现抵债资产时发生有关费用支出后的净额），可按以下规定处理：

（一）净收入低于贷款本金时，净收入与贷款本金之间的差额作为呆账，经批准后冲减呆账准备金；同时将应收利息冲减当期利息收入（仅指表内应收利息冲减当期利息收入，下同）。

（二）净收入等于贷款本金时，作为贷款本金收回处理；其应收利息冲减当期利息收入。

（三）净收入高于贷款本金但低于贷款本金与应收利息之和时，其相当于贷款本金的数额作为贷款本金收回处理；超过贷款本金的部分作为应收利息收回处理，不足应收利息部分冲减当期利息收入。

（四）净收入等于贷款本金与应收利息之和时，作为收回贷款本金与应收利息处理。

（五）净收入高于贷款本金与应收利息之和时，净收入等于贷款本金与应收利息之和部分，作为收回贷款本金与应收利息处理，高出部分可按借贷双方事前签订的贷款合同或协议中的有关约定，作为信用社的当期收入或退还借款人。

第五十一条 信用社取得的抵债资产不能当即变现的，可按以下原则确定其价值：

（一）借、贷双方协商议定的价值；

（二）借、贷双方共同认可的权威评估部门评估确认的价值；

（三）法院裁决确定的价值。

第五十二条 信用社在取得抵债资产过程中发生的有关费用，应从抵债资产的价值中优先扣除，并以扣除有关费用后的净值作为计价价值。

第五十三条 信用社取得的不能当即变现的抵债资产，应根据其计价价值的大小，冲减贷款本金与应收利息。其中，冲减贷款本息不足的，不足部分作为呆账或坏账按规定进行核销；冲减贷款本息有结余的，结余部分暂作为信用社的负债，待抵债资产变现后再按借贷双方事前签订合同或协议的有关约定，作为信用社的当期收入或退还借款人。

**第五十四条** 信用社取得不能当即变现的抵债资产按规定变现后，其变现净收入，应按规定冲减抵债资产的计价价值，冲减后的差额（以下简称净收入与计价价值的差额）按以下规定处理：

（一）当变现净收入低于抵债资产的计价价值但等于或高于贷款本金时，其净收入与计价价值的差额冲减当期利息收入。

（二）当变现净收入低于抵债资产计价价值及贷款本金，同时贷款本金还低于计价价值时，其净收入与贷款本金之间的差额应视同呆账，作冲减呆账准备金处理；贷款本金与计价价值的差额，作冲减当期利息收入处理。

（三）当变现净收入高于抵债资产的计价价值及贷款本金，且贷款本金低于或等于抵债资产的计价价值时，其净收入与计价价值的差额，作增加当期利息收入处理。

（四）当变现净收入低于抵债资产的计价价值及贷款本金，同时计价价值还低于贷款本金时，其净收入与计价价值之间的差额应视同呆账，作冲减呆账准备金处理。

（五）当变现净收入高于抵债资产的计价价值及贷款本金，同时贷款本金还高于抵债资产的计价价值时，其净收入与贷款本金的差额部分作增加当期利息收入处理，贷款本金与计价价值的差额部分作增加呆账准备金处理。

（六）当变现净收入高于抵债资产的计价价值但低于贷款本金，其净收入与计价价值的差额，作增加当期呆账准备金处理。

**第五十五条** 信用社取得的抵债资产在变现前所发生的与

之相关的收入或支出,分别计入营业外收支。

第五十六条　信用社取得的抵债资产不足偿还全部贷款本息(含表内表外利息)的差额,应依法继续追索。

## 第七章　投资及证券

第五十七条　信用社可以采用购买国债、金融债券等有价证券的形式开展投资业务,也可以向上一级信用联社投资入股。信用社不得以国家授予的经营特许权对外投资。信用社对外投资包括短期投资和长期投资。

短期投资是指信用社购入的各种准备随时变现、持有时间在 1 年内(含 1 年)的有价证券。

长期投资是指信用社购入的在 1 年内不能变现的或不准备随时变现的有价证券和向上一级信用联社入股的资金。

第五十八条　信用社的各种投资应按实际成本计价。对购入的有价证券,实际支付价款中包括已宣告应计利息的,应按实际支付的价款扣除已宣告的应计利息计价。

第五十九条　信用社购买的有价证券按经营目的不同,分为投资性证券和经营性证券。投资性证券是指信用社长期持有,到期收回本息,以获取利息为目的而购入的有价证券;经营性证券是指信用社通过市场买卖以赚取差价为目的而购入的有价证券。

第六十条　信用社购入有价证券按有价证券的面值和规定的利率计算应收利息,分期计入损益。

第六十一条　信用社出售经营性证券可以采用先进先出法、

加权平均法、移动加权平均法等确定其实际成本。计价方法一经确定，不得随意变更。

信用社出售经营性有价证券实际收到的价款与账面成本的差额，计入当期损益。

**第六十二条** 信用社购入折价或溢价发行的长期债券，实际支付的款项与票面价值的差额，应在债券到期前，分期增加或冲减投资收益。

**第六十三条** 信用社对外投资分得的股利或利润，计入投资收益，并按规定交纳或补交所得税。

信用社依据合同、协议规定到期收回或因被投资企业清算而收回投资额与账面价值的差额如为净收益，计入投资收益，如为净损失，计入其他营业支出。

## 第八章 其他类资产

**第六十四条** 信用社的其他类资产包括无形资产、递延资产及其他资产。

**第六十五条** 无形资产是指信用社长期使用，但是没有实物形态的资产，包括专利权、著作权、租赁权、土地使用权、商誉和非专利技术等。

**第六十六条** 无形资产按取得时的实际成本计价：

（一）购入的无形资产按实际支付的价款计价。

（二）接受捐赠的无形资产，按所附单据或参照同类无形资产市场价格计价。

（三）自行开发并已取得法律承认的无形资产，按开发过程中的实际成本计价。

除信用社合并外，商誉不得作价入账。在合并过程中，购买方实际支付的价款与被收购信用社净资产的差额作为商誉的入账价值。非专利技术的计价应当经法定评估机构评估确认。

第六十七条 无形资产自开始使用之日起在有效使用期限内平均摊入成本。无形资产的有效使用期限按下列原则确定：

（一）法律和合同或信用社申请书中分别规定有法定有效期限和受益期限的，按法定有效期限与合同或申请书规定的受益期限孰短的原则确定。

（二）法律无规定有效使用期限，但合同或申请书中规定有受益期限的，应按合同或申请书中规定的受益期限确定。

（三）法律、合同或申请书均未规定法定有效使用期限和受益期限的，应按预计的受益期限确定。

（四）受益期限难以预计的，应按不短于10年的期限摊销。

第六十八条 信用社转让无形资产取得的净收入，除国家另有规定者外，计入其他营业收入。

第六十九条 递延资产是指不能全部计入当年损益，应当在以后年度内分期摊销的费用，包括开办费、金融债券发行费用、以经营租赁方式租入的固定资产改良支出、摊销期超过1年的修理费以及摊销期超过1年的其他待摊费用等。

开办费是指信用社及其设立的分支机构在筹建期间发生的费用，包括筹建期间工作人员的工资、办公费、差旅费、培训费、印刷费、律师费、注册登记费、单项工程报废以及由于非

— 111 —

常原因造成的报废或者毁损的净损失和不计入固定资产和无形资产购建成本的汇兑净损失等支出。

信用社筹建期间的下列费用不得计入开办费：应当由入股者负担的费用；为取得固定资产、无形资产所发生的支出；筹建期间应当计入工程成本的汇兑损益、利息支出等。

信用社筹建期间发生的汇兑损失与汇兑收益相抵后，如为净收益，可计入资本公积，也可留待弥补以后年度发生的亏损，或者留待并入信用社的清算损益。

开办费自营业之日起分期摊入营业费用，摊销期不得短于5年。

以经营租赁方式租入的固定资产改良支出，按照有效租赁期限和耐用期限孰短的原则分期摊销。

第七十条　信用社的其他资产包括自身的被冻结存款、被冻结物资、涉及法律诉讼中的资产等。

# 第九章　成　本

第七十一条　信用社在业务经营过程中发生的与经营有关的各项利息支出、金融机构往来利息支出、手续费支出、营业费用以及其他营业支出等，按规定计入成本。

第七十二条　信用社的成本包括以下内容：

（一）利息支出。指信用社以负债形式筹集的各类资金（不包括金融机构往来资金），按国家规定的适用利率分档次提取的应付利息和国家政策允许列支的其他利息支出。

1. 计提应付利息的范围：1年（含1年）以上的定期存款

和储蓄存款,按照国家规定的适用利率分档次计提应付利息。1993年以前的社员股金按1年定期储蓄存款利率计提应付利息。

2. 计提应付利息的时间和方法:各项存款于每季(月)末,用平均余额按适用利率提取当季(月)的应付利息;1993年以前的社员股金于每季(月)末,用平均余额按1年期的储蓄存款利率提取当季(月)的应付利息;提取应付利息的各项存款和股金在实际支付利息时冲减应付利息。

(二)金融机构往来利息支出。指信用社与中央银行、其他银行及金融机构之间资金往来发生的利息支出。其中如有当年应支付而未支付的利息,应逐笔计算应付利息,计入当年损益。

(三)手续费支出。指信用社办理金融业务过程中发生的手续费支出。其中信用社支付给代办储蓄和收贷业务的单位和个人的手续费按下列规定掌握:

1. 代办储蓄手续费:按代办储蓄存款年平均余额的8‰之内控制使用,主要用于:支付代办储蓄劳务费、对代办人员的表彰、奖励以及按规定支付的其他费用。应付代办储蓄手续费一律以代办单位(或人员)吸收储蓄存款的上月年平均余额为基础划分档次,按额度大比例小,额度小比例大的原则分档计付,控制比例随余额的增加相应递减。在计算代办储蓄平均余额时,应扣除信用社人员在代办单位的储蓄业务中从事吸储、复核和管理工作应分摊的储蓄余额。

2. 代办收贷手续费:代办收贷手续费按实收利息10%以内计付;收回已核销的呆账贷款,其代办收贷手续费的具体比例,根据收回本息额度的大小,按额度大比例小、额度小比例大的原则，由各省农村信用合作管理部门商同级国家税务局确定。

（四）在办理金融业务过程中发生的营业及管理费用：

包括：业务宣传费、印刷费、业务招待费、电子设备运转费、钞币运送费、安全防卫费、保险费、邮电费、诉讼费、公证费、咨询费、审计费、技术转让费、研究开发费、外事费、职工工资、职工福利费、职工教育经费、工会经费、劳动保护费、劳动保险费、失业保险金、公杂费、差旅费、水电费、会议费、低值易耗品摊销、递延资产摊销、无形资产摊销、租赁费、修理费、取暖及降温费、绿化费、理事会费、税金、专项奖金、上缴管理费、会费、住房公积金、其他费用等。

1. 业务宣传费。指信用社开展业务宣传活动所支付的费用。业务宣传费在营业收入（扣除金融机构往来利息收入）5‰的比例内掌握使用。

2. 印刷费。指信用社印制的各种业务凭证、账簿、报表、包装运送费、刻制图章等费用开支。出售凭证取得的收入冲减印刷费。

3. 业务招待费。指信用社为业务经营的合理需要而支付的业务交际费用。业务招待费在全年营业收入的 5‰以内控制使用。

4. 电子设备运转费。指信用社为保证计算机正常运转而购买纸张、色带、软盘等所开支的费用。

5. 钞币运送费。指运送钞币所支付的汽车运输费、油料费、养路费、包装费、搬运费、牌照费以及押运人员的差旅费。

6. 安全防卫费。指信用社出于安全防范需要所购置的安全保卫器械；安装营业网点的防护门窗及柜台栏杆、消防专用设备、保安（经警）人员工资、补贴以及经批准的其他防卫费用。

7. 保险费。指信用社向保险公司投保支付的保险费。

8. 邮电费。指信用社办理各项业务支付的邮费、电报费、电话费、电话安装费、电传及传真设备安装、使用费和线路租用等费用，按规定收取的邮电费收入冲减邮电费支出。

9. 诉讼费。指信用社因起诉或者应诉而发生的各种（项）费用。

10. 公证费。指信用社在办理业务过程中，需要向公证机关办理公证所支付的费用。

11. 咨询费。指信用社聘请经济技术顾问、法律顾问等支付的费用。

12. 审计费。指信用社聘请中国注册会计师进行查账验资以及进行资产评估等发生的各项费用。

13. 技术转让费。指信用社因接受技术转让支付的费用。

14. 研究开发费。指信用社研究开发新技术、新业务等发生的费用。

15. 外事费。指信用社按国家规定支付给因业务需要出国人员的出国费用以及外宾接待费用。

16. 职工工资。指信用社按规定发给在职职工的工资、奖金、津贴和按国家规定可以发放的其他工资性支出。

17. 职工福利费。按照信用社职工工资总额的14%提取，主要用于职工的医药费及职工集体福利方面的开支。

18. 职工教育经费。按信用社职工工资总额的1.5%计提，用于职工教育方面的开支。

19. 工会经费。信用社按职工工资总额的2%计提，用于工会开支。

20. 劳动保护费。指信用社按规定购买的职工劳动保护用品及规定岗位的职工保健费支出。

21. 劳动保险费。指信用社离退休职工的离退休金、价格补贴、医药费（含离退休职工参加医疗保险的医疗保险基金）、异地安家补助费、职工退职金、六个月以上病假人员工资、职工死亡丧葬补助费、抚恤费、按规定支付给离休干部的各种经费以及实行社会统筹办法按规定提取的养老统筹基金。

22. 失业保险金。指信用社按照国家规定提取的失业保险基金。

23. 公杂费。指信用社购置营业用办公用品、订阅公用书报等费用。

24. 差旅费。指信用社职工公差按规定标准乘坐车、船、飞机费、出差补助费、住宿费等费用，差旅费标准按当地政府规定标准执行。

25. 水电费。指信用社支付的公用水电费及电子设备运转中耗用的水电费用及增容费开支。

26. 会议费。指信用社经批准召开的各项会议费用。包括会议支付的伙食补助、住宿费、会场租用费及文具、纸张等其他费用。

27. 低值易耗品摊销。指信用社按规定摊销的低值易耗品。

28. 递延资产摊销。指信用社按规定的期限和标准在本期成本中摊销的递延资产。

29. 无形资产摊销。指信用社购置无形资产应摊销的费用（不包括自行开发的无形资产摊销）。

30. 租赁费。指信用社因开办业务需要以经营租赁方式租入的营业及办公用房、电子设备、汽车及其他固定资产所支付的租金。

31. 修理费。指信用社的固定资产和低值易耗品的修理费用。

32. 取暖及降温费。指信用社取暖和降温所需的费用。

33. 绿化费。指信用社内部绿化发生的开支。

34. 理事会费。指信用社的理事会及其成员因执行职能而发生的各项费用，包括差旅费、会议费等。

35. 税金。是指信用社支付的房产税、车船使用税、土地使用税、印花税等应在成本中列支的税金。

36. 专项奖金。用于信用社组织低成本资金、优化存贷款结构和提高经济效益等项奖金的开支。

37. 上缴管理费。指信用社向上级行业管理部门上缴的管理费。

38．会费。指信用社向行业协会交纳的会费。

39. 住房公积金。指信用社按有关房改政策规定在成本中列支的各项住房补贴支出。

40. 其他费用。指信用社按规定列支的不属于以上项目的费用支出。

（五）其他营业支出。指信用社在办理金融业务过程中发生的不属于以上四项的其他成本支出。包括固定资产折旧、呆账准备金、坏账损失、流动资产盘亏及毁损、外汇买卖和结售汇业务产生的汇兑损失、投资业务发生的损失等。

1. 呆账准备金。呆账准备金按年末贷款余额的1.5%实行差额提取。

当年呆账准备金累计提取额＝年末贷款余额×1.5%－呆账准备金上年末余额

信用社核销的贷款呆账保留追索权，收回已核销贷款呆账，增加呆账准备金。

2. 坏账损失。信用社发生的坏账损失按规定计入当期损益。

信用社已核销的坏账损失，列入表外核算，保留追索权；收回已核销的坏账损失，列入当期营业外收入。

第七十三条 信用社的业务宣传费、委托代办手续费、业务招待费、一律在规定的范围和标准内据实列支，不得预提。

第七十四条 信用社需要待摊的费用，应根据权责发生制和成本与收入配比的原则，结合具体情况合理确定。

第七十五条 信用社的下列开支不得计入当期成本：

（一）购置和建造固定资产、无形资产和其他资产的支出；

（二）对外投资支出及分配给投资者的利润；

（三）被没收的财物，支付的滞纳金、罚款、罚息、违约金、赔偿金，以及赞助、捐赠支出；

（四）国家法律、法规规定以外的各种付费；

（五）国家规定不得在成本中开支的其他支出。

第七十六条 信用社的成本核算，要严格区分本期成本与下期成本的界限、成本支出与营业外支出的界限。

**第七十七条** 信用社的成本核算，要以季、年为成本计算期，同一计算期内的成本与营业收入核算的起讫日期、计算范围和口径必须一致。

## 第十章　营业收入、利润及分配

**第七十八条** 信用社的营业收入是指在业务经营过程中取得的营业性收入。包括利息收入、金融机构往来收入、手续费收入和其他营业收入。

（一）利息收入。指信用社各项贷款的实收和应收利息（不包括金融机构往来利息收入）以及贴现利息收入。

（二）金融机构往来收入。指信用社与中央银行、其他银行及金融机构之间的资金往来发生的利息收入。

（三）手续费收入。指信用社办理结算业务、代理融通、委托贷款、代理发行各种类债券、股票、代办保险、代办中间业务等项业务获得的手续费收入。

（四）其他营业收入。包括：咨询收入、外汇买卖和结售汇业务收入、信托及代理业务收入、证券发行及买卖收入、代保管收入以及其他收入。

**第七十九条** 信用社的利润总额包括营业利润、投资收益以及营业外收支净额。按下列公式计算：

净利润=利润总额-应纳所得税

利润总额=营业利润+投资收益+营业外收入-营业外支出±以前年度损益调整

营业利润=营业收入-营业支出-营业税金及附加

以前年度损益调整，指本年度发生的调整以前年度损益的事项。反映信用社以前年度多计或少计的收益以及少计或多计的费用，而调整本年度损益的数额。

投资收益是指信用社购买债券的实收和应收利息以及向上一级联社入股分得的利润。

营业外收入是指与信用社经营无直接关系的各项收入。包括：固定资产经营性租赁收入、固定资产盘盈、固定资产清理净收益、教育费附加返还款、罚没收入、出纳长款收入、证券交易差错收入、因债权人的特殊原因确实无法支付的应付款项等。

营业外支出是指与信用社业务经营无直接关系的各项支出。包括：固定资产盘亏和毁损报废的净损失、出纳短款、结算赔款、证券交易差错损失、各类干部院校、培训中心以及职工子弟学校经费支出、非常损失、罚没赔偿支出、公益救济性捐赠支出、以及其他营业外支出。营业税金及附加是指信用社按税法规定缴纳的营业税及教育附加费。

**第八十条** 信用社发生的年度亏损，可以用下一年度的利润在税前弥补，下一年度利润弥补不足的，可以在五年内延续弥补。五年内不足弥补的，用税后利润弥补。

**第八十一条** 利润总额按国家有关规定作相应调整后，依法缴纳所得税。

**第八十二条** 缴纳所得税后的利润，除国家另有规定者外，按照下列顺序分配：

（一）弥补以前年度亏损；

（二）提取盈余公积。法定盈余公积按税后利润（减弥补亏损）不低于10%的比例提取，法定盈余公积累计达到注册资本的50%时，可不再提取；

（三）提取公益金。公益金的提取比例原则上不得超过法定盈余公积的提取比例，主要用于信用社食堂、浴室、幼儿园等集体福利设施支出；

（四）向社员分配利润。信用社以前年度未分配的利润，可以并入本年度向社员分配。对1993年以前的社员股金，其股息红利的合计数不得超过股本金金额的20%。

经理事会同意后在年底财务决算前退股的股本金，不得分红。

## 第十一章　外币业务

**第八十三条**　信用社外币业务是指在业务经营过程中用记账本位币（人民币）以外的货币进行的存款、贷款、外汇买卖及往来结算等业务。

经营外币的信用社，业务量较大的应实行外币分账制，平时以外币记账，每期终了将有关外币金额折合为记账本位币金额；不实行外币分账制的，应随外币业务的发生将有关外币金额折合为记账本位币金额。

**第八十四条**　信用社办理外汇买卖和结售汇业务，发生的外汇买卖差价，计入当期损益。

**第八十五条**　信用社收到投资者的外币投资，因汇率变动而产生的折合记账本位币与投入时的外汇牌价折合记账本位币的溢价差额，计入资本公积。

第八十六条 信用社发生的与购建固定资产直接有关的汇兑损益，在资产交付使用前或办理竣工决算前，计入资产的价值；在资产交付使用或办理竣工决算后计入当期损益。

第八十七条 信用社各种外币项目的期末余额，按照期末国家公布的外汇牌价折合为记账本位币金额。实行外币分账制的信用社，按外汇买卖多缺余额计算，计入当期损益；不实行外币分账制的信用社，按照期末国家公布的外汇牌价折合的记账本位币金额与账面记账本位币金额之间的差额，作为汇兑损益，计入当期损益。

# 第十二章 信用社清算

第八十八条 信用社按照章程规定解散或者破产以及其他原因宣布终止时，应当成立清算机构。清算机构在清算期间，负责制定清算方案，清理信用社的财产；编制资产负债表和财产清单；处理信用社的债权、债务；向社员收取已认缴而未缴纳的出资；清结纳税事宜；提出财产作价依据，将清算意见提请信用社社员代表大会通过后处置信用社剩余财产。

第八十九条 被清算信用社的财产包括宣布终止时信用社的全部财产以及信用社在清算期间取得的财产。

已作为担保物的财产相当于担保债务的部分，不属于清算财产，担保物的价款超过所担保的债务数额的部分，属于清算财产。

清算期间，未经清算机构同意，不得处置信用社的任何财产。

**第九十条** 清算财产的作价一般以账面净值为依据，也可以重估价值或变现收入为依据。

**第九十一条** 清算中发生的财产盘盈、盘亏、变卖、无力归还的债务或者无法收回的债权，以及清算期间的经营收益或损失等，计入信用社清算损益。

**第九十二条** 信用社在宣布终止前6个月至终止之日的期间内，下列行为无效，如有发生，清算机构有权追回其财产，作为清算财产入账：

（一）隐匿私分或者无偿转让财产；

（二）非正常压价处理财产；

（三）对原来没有财产担保的债务提供财产担保；

（四）对未到期债务提前清偿；

（五）放弃自己的债权。

**第九十三条** 清算期间发生的清算机构的人员工资、办公费、差旅费、公告费、诉讼费以及清算过程中所必需的其他支出，计入清算费用，从现有财产中优先支付。

**第九十四条** 信用社的清算财产支付清算费用后，按照下列顺序清偿债务：

（一）应付未付的职工工资、劳动保险费；

（二）应缴未缴国家的税金及其他款项；

（三）尚未偿付的债务。债务不足全部清偿的，按比例清偿。

**第九十五条** 信用社清算终了，清算收益大于清算损失、清算费用的部分，依法缴纳所得税。

**第九十六条** 信用社清算终了后的剩余财产，除法律另有规定外，应当按照投资各方的出资比例进行分配。

**第九十七条** 信用社清算完毕，清算机构应当提出清算报告，并编制清算期内收支报表，连同中国注册会计师验证报告，一并报送信用社主管部门。

## 第十三章 财务报告与财务评价

**第九十八条** 财务报告是信用社反映财务状况和经营成果的总结性书面文件，包括财务报表和财务情况说明书。

**第九十九条** 财务报表包括业务状况表、资产负债表、损益表及其附表。

业务状况表应列示信用社日常经营活动所引起的资产、负债等的变动情况，反映信用社资金的来源和运用，以及信用社重大财务活动方面的详细资料。

资产负债表应列示信用社在报表日所有的各项资产、负债及所有者权益的类别和金额，资产负债表必须符合以下平衡关系：

资产＝负债+所有者权益

损益表应充分揭示信用社经营活动所获得的收益，必须提供营业收入、营业支出、营业外收支、投资收益、税款等数据。

其他附表主要包括：利润分配表、固定资产表、成本核算表等，其他附表应按国家有关规定及信用社的实际需要设置编报。

信用社经营外币业务，其报表作为附表上报。

**第一百条** 财务情况说明书主要包括以下内容：

（一）资产负债情况：本会计期间资产负债总量、增（减）量、结构、质量情况、增减变化原因；

（二）财务收支情况：本会计期间各项收入、成本、费用等增减变动情况；

（三）经营效益情况：本会计期间资产收益、负债成本情况及形成原因；

（四）利润实现及分配和税金缴纳情况；

（五）某些主要项目采用的财务会计方法及其变动情况和原因；对本期或下期财务状况发生重大影响的事项；资产负债表日后至报出期内发生的对信用社财务状况有重大影响的事项；为便于正确理解财务报告需要说明的其他事项；

（六）重大案件、重大差错、其他损失情况。

**第一百零一条** 信用社应当建立健全财务报告制度。按期向信用社社员代表大会以及主管部门提供财务报告。

**第一百零二条** 信用社应对经营状况和经营成果进行总结、评价和考核。

（一）经营状况指标，包括流动比率、资本风险率、固定资产比率。

1. 流动比率＝流动资产÷流动负债×100%

流动资产是指可以在一年内或者超过一年的一个营业周期内变现或者耗用的资产，包括现金及信用社在中央银行和专业银行的各种存款、短期贷款、短期投资、应收及预付款项等。

流动负债是指将在一年内或者超过一年的一个营业周期内偿还的债务，包括短期借款、活期存款、活期储蓄存款、应付票据、应付账款、应付工资、应交税金、应付利润、其他应付款、预提费用等。

2. 资本风险比率＝不良贷款÷资本金×100%

3. 固定资产比率＝（固定资产净值＋在建工程）÷所有者权益（不含未分配利润）×100%

（二）经营成果指标，包括利润率、资本金利润率、成本率、费用率。

1. 利润率＝利润总额÷营业收入×100%

2. 资本金利润率＝利润总额÷资本金×100%

3. 成本率＝总成本÷营业收入×100%

4. 费用率＝营业费用÷营业收入×100%

各省、自治区、直辖市可根据信用社实际情况，采用上述指标以外的指标进行考核分析。

# 第十四章　附　则

**第一百零三条**　本办法自实施之日起，以前制定的各种规章制度，有与本办法相抵触者，以本办法为准。

**第一百零四条**　各省、自治区、直辖市国家税务局可结合本地实际情况，会同同级农村信用合作管理部门制定补充规定，报国家税务总局、中国人民银行总行备案。

**第一百零五条**　本办法自2000年1月1日起施行。

# 附 录

## 农村信用合作社农户联保贷款指引

中国银行业监督管理委员会关于印发
《农村信用合作社农户联保贷款指引》的通知
银监发〔2004〕68号

各银监局：

现将《农村信用合作社农户联保贷款指引》印发给你们，请迅速转发至辖内农村信用社，并督促农村信用社遵照执行。

2004年10月10日

### 第一章 总 则

**第一条** 为提高农村信用合作社的信贷服务水平，进一步满足社区居民在生产、生活方面的信贷资金需求，根据《中华人民共和国担保法》、《贷款通则》等有关法律、法规，制定本指引。

**第二条** 本指引所称农户联保贷款是指社区居民依照本指

引组成联保小组，贷款人对联保小组成员发放的、并由联保小组成员相互承担连带保证责任的贷款。

**第三条** 本指引所称贷款人是指农村信用合作社。本指引所称借款人是指依照本指引规定参加联保小组的自然人。

**第四条** 农户联保贷款实行个人申请、多户联保、周转使用、责任连带、分期还款的管理办法。

## 第二章 联保小组的设立、变更和终止

**第五条** 具备下列条件的借款人可以自愿组成联保小组：

（一）具有完全民事行为能力；

（二）单独立户，经济独立，在贷款人服务区域内有固定住所；

（三）具有贷款资金需求；

（四）具有合法、稳定的收入；

（五）在贷款人处开立存款账户。

**第六条** 联保小组由居住在贷款人服务区域内的借款人组成，一般不少于5户。

**第七条** 设立联保小组应当向贷款人提出申请，经贷款人核准后，所有成员应当共同与贷款人签署联保协议。联保小组自联保协议签署之日设立。

联保协议有效期由借贷双方协商议定，但最长不得超过3年。联保协议期满，经贷款人同意后可以续签。

**第八条** 联保小组所有成员应当遵循"自愿组合、诚实守信、风险共担"的原则，履行下列职责：

（一）按照借款合同约定偿付贷款本息；

（二）督促联保小组其他成员履行借款合同，当其他借款人发生贷款挪用或其他影响贷款偿还的情况时，及时报告贷款人；

（三）在贷款本息未还清前，联保小组成员不得随意转让、毁损用贷款购买的物资和财产；

（四）对联保小组其他借款人的借款债务承担连带保证责任，在借款人不能按期归还贷款本息时，小组其他成员代为偿还贷款本息；

（五）民主选举联保小组组长；

（六）共同决定联保小组的变更和解散事宜。

第九条　联保小组全体成员偿还贷款人所有贷款本息后，成员可以在通知联保小组其他成员后自愿退出联保小组。未全部清偿的，经联保小组全体成员一致同意和贷款人审查同意后，该成员可以退出联保小组。

第十条　经联保小组成员一致同意，可以开除违反联保协议的成员，并责令被开除者在退出前还清所有欠款。

第十一条　联保小组成员变更后，必须与贷款人重新签署联保协议。

第十二条　出现下列情况之一的，联保小组解散：

（一）联保小组成员少于贷款人规定的最低户数；

（二）根据联保协议约定或经联保小组成员共同协商决定解散；

（三）联保小组半数以上成员无力承担连带担保责任；

（四）联保小组严重违反联保协议。

第十三条　联保协议期内，联保小组解散，联保小组成员仍应按照联保协议履行偿还贷款本息和保证义务，联保协议至联保小组全体成员付清所欠贷款人贷款本息后终止。

## 第三章 贷款的发放及管理

**第十四条** 联保小组成员应分别填写个人借款申请书，报贷款人审查通过后，与借款人签订贷款合同，并附联保协议。

**第十五条** 贷款人应将贷款发放给联保小组的借款者本人。

**第十六条** 贷款用途：

（一）种植业、养殖业等农业生产费用贷款；

（二）加工、手工、商业等个体经营贷款；

（三）消费性贷款；

（四）助学贷款；

（五）贷款人同意的其他用途。

**第十七条** 贷款人应根据联保小组各成员贷款的实际需求、还款能力、信用记录和联保小组的代偿能力，核定联保小组成员的贷款限额，联保小组各成员的贷放限额应相同。

对单个联保小组成员的最高贷款限额由各省级信用合作管理部门根据地方经济发展、当地居民收入和需求、农村信用社的资金供应等状况确定。贷款人可根据借款人还款情况调整贷款额度。

**第十八条** 在联保协议有效期内，借款者本人在原有的贷款额度内可周转使用贷款。

**第十九条** 联保贷款期限由贷款人根据借款人生产经营活

动的周期确定。但最长不得超过联保协议的期限。期限超过1年的，从贷款期限满1年起，应分次偿还本金。

第二十条　联保贷款利率及结息方式由贷款人在适当优惠的前提下，根据小组成员的存款利率、费用成本和贷款风险等情况与借款人协商确定，但利率不得高于同期法定的最高浮动范围。

农户联保贷款按季结息。

分次偿还本金的，按贷款本金余额计收利息。

第二十一条　贷款人要按照联保小组成员从事行业的特点，制定符合实际的分期还款计划。借款人应严格按照贷款合同约定归还贷款本息。

第二十二条　贷款发放后，联保小组组长应负责协助贷款人管理贷款，及时了解借款人的生产经营情况和贷款使用情况，并及时告知贷款人。

第二十三条　借款人必须按规定用途使用贷款。

联保小组任何成员不得以任何方式，将贷款转让、转借给他人或集中使用贷款人贷给联保小组其他成员的贷款。

## 第四章　附　则

第二十四条　本指引未尽事宜按《中华人民共和国担保法》、《中华人民共和国商业银行法》、《贷款通则》和《农村信用合作社资产负债比例管理暂行办法》的有关规定执行。

第二十五条　各地可根据本指引，结合当地实际情况制定具体办法，并报上级联社和中国银行业监督管理委员会当地机构备案。

**第二十六条** 农村合作银行和农村商业银行办理农户联保贷款适用本指引。

**第二十七条** 本指引由中国银行业监督管理委员会负责解释、修改。

**第二十八条** 本指导引自颁布之日起执行。凡与本指引不一致的规定以本指引为准。

# 农村信用合作社贷款呆帐核销暂行规定

关于印发《农村信用合作社贷款
呆帐核销暂行规定》的通知
国税发〔1996〕第 225 号

国家税务总局 1992 年制定下发的《集体信用合作社贷款呆帐处理试行办法》执行以来，对于促进信用社加强对各项贷款的管理，减少贷款风险，改善信贷资产质量，起到了重要作用。但是，随着改革的逐步深入和经济情况的发展变化，有些条文需要修订。经调查研究并征求各方面意见，制订了《农村信用合作社贷款呆帐核销暂行规定》，现印发，请贯彻执行。

城市信用社、城市信用合作联社、城市合作银行也参照本规定执行，具体核销办法和审批权限由省级国家税务局确定。

1996 年 12 月 9 日

**第一条** 为了加强农村信用合作社信贷管理，正确反映信贷资金营运状况，及时处理贷款的呆帐损失，促进业务经营良性循环，根据《农村信用合作社财务管理实施办法》和信用社贷款资产风险的实际情况，特制定本规定。

**第二条** 本规定适用于各级信用合作联社（包括营业部）、信用社及其所属机构网点（以下均简称为信用社）贷款呆帐的核销。

**第三条** 核销贷款呆帐的原则。

一、信用社是独立核算、自负盈亏、自主经营、自担风险的集体所有制合作金融组织，贷款必须有借有还，任何单位和个人无权免除借款人的还款责任。

二、核销贷款呆帐要执行国家有关政策，维护信用社的合法权益，最大限度地减少信用社有形或无形的资产损失。

三、核销贷款呆帐要坚持实事求是的原则，严格按照审批权限和核销程序办理。

**第四条** 贷款呆帐的认定条件。

一、贷款呆帐系指按借款人的清偿能力或法律规定，确认已无法收回的贷款。凡属下列情况之一者，均可列为呆帐：

（一）借款人和担保人依法宣告破产、被撤销、解散，进行清偿后，仍未能还清的贷款。

（二）对确实无法落实到户、集体经济又确实无力偿还的集体农业贷款；或对不符合前款规定的条件，但经有关部门认定，借款人和担保人事实上已经破产、被撤销、解散在3年以上，进行清偿后，仍未能还清的贷款。

（三）借款人死亡绝户、或依照《中华人民共和国民法通则》的规定被宣告失踪或死亡，又无继承人承担其债务，以其财产或遗产清偿后，仍未能还清的贷款。

（四）借款人遭受重大自然灾害或意外事故，损失巨大且不能获得补偿，确实无力偿还的部分或全部贷款；或者以保险赔偿和资产清偿及担保人承担经济责任后，仍未能还清的贷款。

（五）借款人触犯刑律，依法受到制裁，处理的财产不足归还所欠贷款，又无另外债务承担者，确认再无法收回的贷款。

（六）贷款人依法处置贷款抵押物、质押物所得价款或作价后的金额不足以补偿抵押、质押贷款的部分。

二、凡属下列情况不得列为呆帐；

（一）借款人或借款担保人有经济偿还能力，但因种种原因不能按期偿还的贷款；

（二）因信用社工作人员渎职或其他违法行为造成无法收回的贷款，应由个人按行政、经济和法律责任承担的部分。

**第五条** 贷款呆帐核销的审批权限。

核销贷款呆帐的审批权限按照权限尽量集中的原则：由各省、自治区、直辖市、计划单列市信用合作管理部门商同级国家税务局确定。

**第六条** 贷款呆帐的核销程序。

一、由信用社认定核销的程序。信用社（含所属网点）对应核销的贷款呆帐要逐笔查实，对符合第四条规定的，由主任、信贷员、会计、稽核人员等集体审查认定后，填制《信用社贷款呆帐核销审批表》），并写出书面报告（报告内容包括：贷款发放及借款人使用情况，造成呆帐的主要原因分析，以及有关人员应承担的责任和吸取的教训等），附有关证明材料，报县联社审批后处理。

二、由县联社认定核销的程序。信用社定期将所有符合呆帐条件的贷款抄列清单，写出详细说明上报县联社，由县联社组织信贷、财会、稽核等主管人员按第四条规定进行逐笔审核认定后，再通知信用社填制（信用社贷款呆帐核销审批表》，并补报有关证明材料。信用社根据上级管理部门的呆帐核销通知进行帐务处理。

三、以联社为单位进行呆帐核销的程序。年初由县联社按辖内信用社放款余额和规定比例确定全县（市）提取呆帐准备金总额，并依据各社当年拟核销呆帐贷款额和亏损社少提或不提的原则，把提取金额具体分解到社。信用社按联社下达的提取额度提取呆帐准备金，并全部上划联社。

年度中间，信用社将符合核销条件的呆帐贷款开列清单，填制《信用社贷款呆帐核销审批表》和附报有关说明材料上报联社。联社审查认定后，在批复准许核销的同时下拨等额的呆帐准备金，用于信用社的呆帐核销。

以上三种认定核销程序，前两种由各县联社根据信用社管理情况选择其中一种，在县辖范围内执行，第三种经省级信用合作管理部门商同级国家税务局审批后执行。无论采用何种核销程序，超过县联社审批权限的，经同级国家税务局审核后，由县联社以书面报告（附信用社贷款呆帐核销审批表及有关证明材料）上报上级管理部门审批。

各级主管部门接到下级单位申报材料后，要组织信贷、财会、稽核等部门，逐笔会审，据此写出报告，由主管部门领导签署意见后给予核批，并将核批结果抄报同级国家税务局备案。

**第七条** 核销贷款呆帐的核算手续。

信用社根据处理贷款呆帐损失的批复,填制转帐传票及"已核销贷款呆帐"表外科目借方传票,经有关人员审核无误后,即可办理转帐。

在核销呆帐的同时,要从原贷款科目中抽出借据,专夹保管,定期核对,并永久保存。

**第八条** 核销后的贷款呆帐管理和帐务处理。

信用社对核销后的贷款呆帐应实行帐销案存的管理办法。为了尽可能地减少信用社资金损失,对已核销的贷款呆帐,仍应继续组织催收,并可按收回金额适当计提劳务费,具体计提比例由各省、自治区、直辖市、计划单列市分行和同级国家税务局根据收回额的大小确定,原则上额大的比例要小,额小的比例可适当大些;内部职工收回的比例要小,外部门和社员协助收回的比例可适当大些,但最高不得超过收回金额的10%。提取的劳务费,先在其他应付款科目列帐,再作分配。

收回已核销贷款呆帐的帐务处理:按照收正常贷款填制收款凭证,从专夹保管的借据中,抽出相应原始借据作收贷凭证附件。同时,应冲回贷款呆帐准备金。

**第九条** 各级国家税务局和信合管理部门要加强对贷款呆帐核销工作的检查和监督。对不按规定处理呆帐的,要及时制止和纠正;对弄虚作假、营私舞弊和贪污受贿的,视情节轻重,追究当事人的行政、经济和法律责任。

**第十条** 本规定由税务机关、信用合作管理部门和信用社内部掌握执行,对外不宣传,贷款呆帐核销不公布,不退原始借据。

**第十一条** 本规定由国家税务总局和国务院农村金融体制改革部际协调小组办公室共同制定并负责解释。各省、自治区、直辖市、计划单列市国家税务局和同级信用合作管理部门可根据当地实际情况,制定具体规定,并报国家税务总局备案。

**第十二条** 本规定自1996年1月1日起执行。以前规定与本规定有抵触的,一律改按本规定执行。

员社。如发现代理社未能勤勉尽责的，省级联社可区别不同情形，依法采取以下措施：

（一）责令改正；

（二）在全辖进行通报；

（三）对代理社直接负责的董事、高级管理人员和其他直接责任人员给予纪律处分。

## 第八章　附　则

第五十一条　本指引所称农村合作金融机构指农村信用社、联社、农村合作银行、农村商业银行。本指引所称社是指组成社团的内部成员单位。

第五十二条　本指引中社团的成员社原则上在同一省（区、市），跨省（区、市）组成社团的成员社应经省级联社批准，报当地银监局备案。

第五十三条　各省级联社、农村商业银行、农村合作银行可根据本指引制定实施细则。

第五十四条　农村合作金融机构与其他银行业金融机构发放银团贷款，参照本指引办理。

第五十五条　本指引由中国银行业监督管理委员会负责解释与修订。

第五十六条　本指引自下发之日起执行。

管理制度，定期检查内部程序和管理制度的执行情况。

**第四十三条** 除代理社进行社团贷款的管理外，其他成员社也可依据实际情况，对每笔社团贷款进行定期的检查及监控，如发现贷款有异常情况，应及时通报代理社，要求其及时采取包括增加抵押品在内的等各项措施，防止贷款出现损失。

## 第七章 外部监督和管理

**第四十四条** 牵头社应在社团贷款合同生效后十日内，将合作协议和社团贷款合同同时报送省级联社备案，并抄送当地银监局。

**第四十五条** 社团贷款的会计数据由各成员社分别进行统计，但应加以说明。

**第四十六条** 代理社所在地的银行业监管部门负责对社团贷款的现场和非现场监管，并设立风险分析预警指标，定期向所在地银监局上报社团贷款情况。

**第四十七条** 各成员社在社团贷款中的出资额必须符合银监会对该社单户贷款监管的比例和限额规定。

**第四十八条** 不良社团贷款应及时向省级联社报告。

**第四十九条** 出现下列情形之一时，省级联社应派人对代理社进行尽职调查：

（一）代理社未按合作协议严格履行职责、损害了社团其他成员社的合法权益，且拒不执行社团会议达成的整改意见；

（二）社团贷款形成不良。

**第五十条** 省级联社应将尽职调查结论如实通知社团各成

理社应迅速组织召开社团会议。社团会议确定管理和处置不良贷款方案，并委托代理社实施。

**第三十六条** 社团各成员社的债权如到期无法得到借款人部分或全部清偿，应通过代理社向借款人、担保人进行追索，除非授权不得直接向借款人、担保人追索。

**第三十七条** 在借款合同规定的借款期内，借款人被宣布破产并被清算，各成员社按债权比例同等受偿。

**第三十八条** 当借款人逾期还款时，归还的款项不足以清偿所欠贷款的，各成员社按其在社团贷款中所占比例受偿。逾期部分的罚息由代理社按照人民银行有关规定统一向借款人计收，并按逾期贷款的额度在各成员社中分配。

## 第六章 风险管理

**第三十九条** 农村合作金融机构开展社团贷款业务，应针对信用风险、市场风险、流动性风险、操作风险、法律风险和信誉风险等各类风险，建立相应的风险管理体系和内部控制制度。

**第四十条** 成员社不应只依赖牵头社做出的信贷评估，还应自行对贷款申请人的信用状况及其可接受的风险程度进行独立评估。

**第四十一条** 牵头社应制定有相应的内部政策和程序，规定在社团贷款认购不足、贷款项目中止或提前还款等可能出现的各种情形时相应的处理措施；在社团贷款项目发起时，牵头社应与贷款申请人在签订的法律文件中做出相应的规定和安排。

**第四十二条** 成员社应制定有相应的社团贷款内部程序和

及时向代理社划转贷款本息，定期如实向代理社提供用于评估、审查项目所需要的有关材料，报送资产负债表、利润表和现金流量表，通报项目建设进度等情况。

第三十一条 借款人应直接向代理社归还贷款本息。代理社收到借款人归还的各期贷款本息后，应严格执行协议约定，在规定时限内，按照各成员社承担的贷款比例同时将资金划付各成员社账户。

代理社不得擅自截留或挪用借款人归还的社团贷款资金。

第三十二条 借款人出现违约行为，代理社应迅速提议召开社团会议，议定对借款人的处理意见，对其采取停止贷款、提前收回贷款、实行联合制裁、向人民法院提起诉讼等措施。

第三十三条 社团贷款的风险分类档次由代理社统一确定并告知各成员社。各成员社按贷款比例统计反映贷款风险形态，自行提取贷款损失准备。

第三十四条 当代理社未按协议严格履行职责、损害了社团其他成员社的合法权益时，其他成员社应提议及时召开社团会议，督促代理社立即停止不当行为，并按照合作协议进行处理。

代理社拒不执行社团会议达成的整改意见，其他成员社可以请求省级联社处理或进行法律诉讼。

## 第五章 不良社团贷款的处置

第三十五条 社团贷款划为不良贷款，或目前虽被划为关注类，但如不及时采取措施极有可能影响贷款本息偿还时，代件、对提款的有关要求、所提款项入账时间等；

（四）担保：担保方式、担保人等；

（五）还款：还款计划、所还款项到账时间、提前还款条件、展期条件等；

（六）利息：利率、计息方式、利息划付方式等；

（七）违约责任及承担方式。

**第二十五条** 社团贷款利率应综合考虑借款人的财务和信用状况、用款项目的效益和风险状况、货币市场的供求与市场利率状况、竞争状况、筹组和代理费用等因素确定，按中国人民银行的有关规定计息。

**第二十六条** 社团贷款借款人应当提供有效担保。

**第二十七条** 社团的各成员社应共同与借款人、担保人签订社团贷款合同。

社团贷款合同是借贷双方依法签订的单一贷款合同。社团贷款各有关当事人分别在贷款合同上签字、加盖单位印章后，社团贷款合同成立。

**第二十八条** 社团贷款发放时，各成员社应按协议规定，将款项划至代理社指定的专用账户。代理社按合同约定，统一办理贷款资金划付借款人账户的相关业务。

**第二十九条** 代理社有权要求借款人向其提供用于评估、审查贷款所需的有关材料。

除牵头社和代理社外，其他成员社应主要以牵头社或代理社提供的借款人资料为依据对社团贷款进行独立评价，除非授权一般不直接向借款人索取资料或进行实地调查。

**第三十条** 借款人应按照借款合同的约定，保证贷款用途，贷款，积极协助成员社采取保全措施，督促借款人偿还贷款本息；

（八）办理成员社委托办理的有关社团贷款的其他事项。

第二十一条 组成社团的各成员社均为平等民事主体，任何成员社均有权提议召开社团会议。社团会议对贷款管理的重大事项进行协商，主要包括：

（一）定期或不定期对代理社进行尽职评估；

（二）社团贷款合同重要条款的变更；

（三）借款人、担保人或社团成员社出现的重大违约事件；

（四）不良社团贷款的管理和处置方案。

第二十二条 牵头社和代理社在开展社团贷款业务时，不得损害成员社的合法权益。

对于牵头社和代理社的不尽职行为给成员社带来损失的，应依据各自的过错和损失程度，向成员社承担相应的赔偿责任。

## 第四章 社团贷款管理

第二十三条 社团成立后，牵头社应当尽快与贷款申请人在贷款条件清单的基础上协商议定社团贷款合同的具体条款。贷款条件清单上列明的条款未经贷款申请人和所有成员社一致同意，不得修改。

第二十四条 社团贷款合同主要包括以下内容：

（一）借贷当事人；

（二）贷款安排：贷款金额、贷款社及其承担的贷款金额、贷款用途、贷款期限等；

（三）提款：提款期、首次提款前提条件、后续提款前提条按承担贷款的比例分担，或由各成员社商定。各成员社应向牵头社支付前期社团筹组的费用，向代理社支付后期贷款管理的代理费用。

第十九条　协议签订后社团即告成立。签订协议的社均为社团的成员社。全体成员社参加讨论、议定有关社团贷款问题的会议为社团会议。

第二十条　代理社是社团贷款的管理人，由牵头社或借款人开立基本结算账户的社担任，全面负责社团贷款的贷后管理事务，具体履行下列基本职责：

（一）严格执行协议，保障社团利益，公平地对待社团各参与社，不得利用代理社的地位损害其他成员社的合法权益；

（二）开立专门账户管理社团贷款资金，统一为借款人划拨贷款资金；

（三）建立社团贷款台账，对贷款本息的发放及收回进行逐笔登记，完善社团贷款档案；

（四）向借款人派驻专门信贷人员，统一负责贷后管理，对社团贷款使用情况进行检查和监督，落实各项措施，核实借款人财务状况、还款能力、还款意愿等有关事项，定期收集并及时、全面、真实地向成员社通报社团贷款的使用和管理情况，接受各成员社的咨询与核查；

（五）计算、划收贷款利息和费用，回收贷款本金，并按协议约定划转到各成员社指定账户；

（六）对贷款可能出现的风险，及时向成员社进行通报，必要时，提议召开社团会议共同提出解决措施；

（七）根据社团会议决定，管理、清收或处置所形成的不良贷款条件清单中应列明社团贷款的基本条款,主要包括贷款用途、金额、币种、期限、利率、还款方式、贷款担保等内容。

第十五条 贷款安排建议书经贷款申请人签字、盖章后,表明贷款申请人正式委托受理贷款申请的农村合作金融机构作为牵头社,为其组织社团贷款,并接受贷款条件清单中载明的各项贷款条件。

第十六条 获得贷款申请人的正式委托后,牵头社向其认为有联合承贷意愿的参与社发出社团贷款邀请函,并附上根据贷款申请人提供的资料编制的信息备忘录、贷款条件清单、贷款调查和审查意见。

第十七条 有参加社团贷款意向的农村合作金融机构和牵头社应召开会议,在协商议定的基础上,签订合作协议(以下简称协议)。协议主要包括以下条款:

(一) 签订协议各社的基本情况;
(二) 对借款人的贷款总额及各成员社承诺的贷款额;
(三) 牵头社、代理社及各成员社的权利与义务;
(四) 各成员社与代理社之间的资金划拨方式和时限;
(五) 贷款费用支出和利息收入的分配;
(六) 贷款损失的承担比例;
(七) 确定贷款持续分类与分类后的日常监督管理责任;
(八) 社团会议的召集方式、议事规则、决策程序、解决争议方式、违反协议的处罚办法;
(九) 各社认为其他应该约定的条款。

第十八条 社团贷款所发生的各类费用支出,由各成员社设施项目。

**第九条** 社团贷款最长期限原则上不超过五年。

社团贷款可以展期一次。如贷款期限不超过一年，展期期限不得超过原贷款期限；如贷款期限超过一年，展期期限不得超过原贷款期限的一半。

## 第三章 社团贷款筹备组织

**第十条** 社团贷款实行"谁营销、谁牵头、谁评审"的运行模式。

**第十一条** 社团贷款前期的筹组由牵头社负责：

（一）接受借款申请书，商谈贷款条件、社团贷款总额、贷款种类和日常监督管理责任；

（二）向有关社发出社团贷款邀请函及借款申请书（副本）和有关材料，规定反馈期限，并集中其反馈意见；

（三）负责社团合作协议的协商、起草等工作；

（四）组织召开会议，签订社团合作协议。

**第十二条** 农村合作金融机构接到客户的大额贷款申请后，在贷前调查基础上，认真分析贷款申请人的财务状况、偿债能力、贷款申请人拟投资项目的市场前景、预期效益、贷款收益与风险等情况。

**第十三条** 借款人应提供经过注册会计或审计中介机构认证的与贷款有关的信息。

**第十四条** 经过贷前调查，受理贷款申请的农村合作金融机构认为需通过社团贷款方式发放贷款的，经与贷款申请人协商后，向其提交附有贷款条件清单的贷款安排建议书。

**第三条** 农村合作金融机构办理社团贷款业务应遵循"自愿协商、权责明晰、讲求效益、利益共享、风险共担"的原则。

**第四条** 农村信用社省（自治区、直辖市）联合社（以下简称省级联社）负责指导、监督、协调辖内农村合作金融机构开展社团贷款。

**第五条** 农村合作金融机构社团贷款业务接受银行业监管机构的监管。

**第六条** 任何单位和个人不得干预社团贷款业务的经营自主权。

## 第二章 贷款对象、用途和期限

**第七条** 社团贷款的借款人应具备以下条件：

（一）在参加社团贷款成员社开立基本结算账户；

（二）还款记录良好，近三年内没有发生拖欠贷款本息的情况；

（三）符合国家产业政策要求，与农业产业化经营和农村经济结构调整相关的企业；

（四）符合法律法规对借款人规定的其他条件。

**第八条** 社团贷款投向应根据国家产业政策、地方发展规划、各社经营管理能力确定，主要用于以下方面：

（一）企业流动资金贷款；

（二）企业购置固定资产、技术更新改造、设备租赁等中期贷款；

（三）现金流量充足、能够按期还本付息的农业和农村基础

# 农村合作金融机构社团贷款指引

## 中国银行业监督管理委员会关于印发农村合作金融机构社团贷款指引的通知

各银监局：

现将《农村合作金融机构社团贷款指引》印发给你们，请组织辖内农村合作金融机构认真学习和落实，并督促农村信用社省（区、市）联合社、北京农村商业银行、上海农村商业银行、天津农村合作银行制定实施细则。执行中遇到问题，请及时报告银监会。

请将本通知转发至辖内农村信用社、农村合作银行、农村商业银行。

二〇〇六年五月二十九日

## 第一章 总 则

**第一条** 为了更好满足农村企业客户的有效贷款需求，规范农村合作金融机构社团贷款行为，根据《中华人民共和国商业银行法》、《中华人民共和国银行业监督管理法》及《贷款通则》等有关法律法规，制定本指引。

**第二条** 本指引所称的社团贷款，是指由两家及两家以上具有法人资格、经营贷款业务的农村合作金融机构，采用同一贷款合同，共同向同一借款人发放的贷款。

**第十六条** 对违反本规定的村集体经济组织和会计委托代理服务机构,由县级以上农村经营管理部门和乡(镇)党委或政府责令限期纠正;仍不纠正的,由县级纪检监察机关和乡(镇)党委或政府依照有关规定给予相关责任人相应处分。

**第十七条** 县、乡(镇)两级应将执行本规定纳入党委和政府工作的目标管理,作为考核乡(镇)村两级干部的重要内容,定期检查和监督。

**第十八条** 各省、自治区、直辖市农业、监察部门可以根据本规定,结合当地实际情况制定具体实施细则或办法,并报农业部、监察部备案。

**第十九条** 本规定自 2012 年 1 月 1 日起施行。

**第十二条** 村集体经济组织成员享有下列监督权：

（一）有权对公开的内容提出质疑；

（二）有权委托民主理财小组查阅审核有关财务账目；

（三）有权要求有关当事人对财务问题进行解释或解答；

（四）有权逐级反映财务公开中存在的问题，提出意见和建议。

**第十三条** 村集体经济组织民主理财小组行使下列监督权：

（一）参与制定本村集体的财务计划和各项财务管理制度；

（二）审核原始凭证，查阅有关财务账目及相关的经济活动事项，否决不合规开支。对否决有异议的，可提交村集体经济组织成员会议或成员代表会议讨论决定；

（三）对财务公开情况进行检查和监督，对公开中有关问题提出处理建议；

（四）向上一级部门反映有关财务和公开中的问题。

**第十四条** 村集体经济组织民主理财小组应当自觉接受村党支部和村务监督机构的工作指导，依法依规履行监督职责，定期向成员会议或成员代表会议汇报民主理财和财务公开监督工作情况，不得徇私舞弊、滥用职权。理财小组成员监督不力、怠于履行职责的，成员会议或成员代表会议应当终止其职务。

**第十五条** 县级以上农村经营管理部门和乡（镇）党委、政府行使下列指导和监督职责：

（一）指导和监督村集体经济组织依照本规定实行财务公开；

（二）指导和监督村集体经济组织建立健全财务公开制度；

（三）对财务公开中存在的问题进行查处。

（三）集体工程招投标及预决算情况；

（四）"一事一议"筹资筹劳及使用情况；

（五）其他需要进行专项公开的事项。

**第七条** 村集体经济组织财务至少每季度公开一次；财务往来较多的，收支情况应当每月公开一次，具体公开时间由所在地县级以上农村经营管理部门统一确定。对于多数成员或民主理财小组要求公开的内容，应当及时单独进行公开。涉及集体经济组织及其成员利益的重大事项应当随时公开。

**第八条** 村集体经济组织应当设置固定的公开栏进行财务公开。同时，也可以通过广播、网络、"明白纸"、会议、电子触摸屏等形式进行辅助公开。

**第九条** 村集体经济组织财务公开内容必须真实可靠。财务公开前，应当由民主理财小组对公开内容的真实性、完整性进行审核，提出审查意见。财务公开资料经村集体经济组织负责人、民主理财小组负责人和主管会计签字后公开，并报乡（镇）农村经营管理部门备案。

**第十条** 村集体经济组织财务公开后，主要负责人应当及时安排专门时间，解答群众提出的质疑和问题，听取群众的意见和建议。对群众反映的问题要及时答复解决；一时难以答复解决的，要作出解释。不得对提出和反映问题的群众进行压制或打击报复。

**第十一条** 乡（镇）、村两级要建立村集体经济组织财务公开档案管理制度，及时搜集、整理财务公开档案，并妥善保存。财务公开档案应当包括财务公开内容及审查、审核资料，成员意见、建议及处理情况记录等。

2. 产品物资；

3. 固定资产；

4. 农业资产；

5. 对外投资；

6. 其他资产。

（五）各类资源。包括集体所有的耕地、林地、草地、园地、滩涂、水面、"四荒地"、集体建设用地等。

（六）债权债务

1. 应收单位和个人欠款；

2. 银行（信用社）贷款；

3. 欠单位和个人款；

4. 其他债权债务。

（七）收益分配

1. 收益总额；

2. 提取公积公益金数额；

3. 提取福利费数额；

4. 外来投资分利数额；

5. 成员分配数额；

6. 其他分配数额。

（八）其他需要公开的事项

**第六条** 村集体经济组织应当按规定的公开内容进行逐项逐笔公开。下列事项，应当专项公开：

（一）集体土地征占补偿及分配情况；

（二）集体资产资源发包、租赁、出让、投资及收益（亏损）情况；

(二) 各项收入

1. 产品销售收入、租赁收入、服务收入等集体经营收入;

2. 发包及上交收入;

3. 投资收入;

4. "一事一议"筹资及以资代劳款项;

5. 村级组织运转经费财政补助款项;

6. 上级专项补助款项;

7. 征占土地补偿款项;

8. 救济扶贫款项;

9. 社会捐赠款项;

10. 资产处置收入;

11. 其他收入。

(三) 各项支出

1. 集体经营支出;

2. 村组(社)干部报酬;

3. 报刊费支出;

4. 办公费、差旅费、会议费、卫生费、治安费等管理费支出;

5. 集体公益福利支出;

6. 固定资产购建支出;

7. 征占土地补偿支出;

8. 救济扶贫专项支出;

9. 社会捐赠支出;

10. 其他支出。

(四) 各项资产

1. 现金及银行存款;

委员会（村民小组）、撤村后代行原村集体经济组织职能的农村社区（居委会）、村集体经济组织产权制度改革后成立的股份合作经济组织，适用本规定。

第三条　村集体经济组织实行财务公开制度。村集体经济组织应当将其财务活动情况及其有关账目，以便于群众理解和接受的形式如实向全体成员公开，接受成员监督。实行村级会计委托代理服务的，代理机构应当按规定及时提供相应的财务公开资料，并指导、帮助、督促村集体经济组织进行财务公开。

第四条　村集体经济组织应当建立以群众代表为主组成的民主理财小组，对财务公开活动进行监督。民主理财小组成员由村集体经济组织成员会议或成员代表会议从村务监督机构成员中推选产生，其成员数依村规模和理财工作量大小确定，一般为3至5人；村干部、财会人员及其近亲属不得担任民主理财小组成员。

第五条　村集体经济组织财务公开的内容包括：

（一）财务计划

1. 财务收支计划；

2. 固定资产购建计划；

3. 农业基本建设计划；

4. 公益事业建设及"一事一议"筹资筹劳计划；

5. 集体资产经营与处置、资源开发利用、对外投资等计划；

6. 收益分配计划；

7. 经村集体经济组织成员会议或成员代表会议讨论确定的其他财务计划。

# 农村集体经济组织财务公开规定

农业部　监察部关于印发《农村集体
经济组织财务公开规定》的通知

农经发〔2011〕13号

各省、自治区、直辖市及计划单列市农业（农牧、农村经济）厅（委、办、局），监察厅（局）：

为切实加强农村社会管理，进一步完善农村集体经济组织财务公开、民主管理和民主监督，现将修订后的《农村集体经济组织财务公开规定》印发给你们，请贯彻执行。1997年12月16日农业部、监察部印发的《村集体经济组织财务公开暂行规定》（农经发〔1997〕5号）同时废止。

中华人民共和国农业部
中华人民共和国监察部
二○一一年十一月二十一日

**第一条**　为了加强对农村集体经济组织财务活动的管理和民主监督，促进农村经济发展和农村社会稳定，根据国家有关法律、法规和政策，制定本规定。

**第二条**　本规定适用于按村或村民小组设置的集体经济组织（以下称村集体经济组织）。代行村集体经济组织职能的村民督检查的；

（三）弄虚作假，隐瞒事实真相的；

（四）拒不执行审计结论和决定的；

（五）打击报复审计工作人员和检举人的。

第二十二条　违反本规定，有下列行为之一的农村集体经济组织审计人员，可由农村集体经济组织审计机构给予处分，或向同级人民政府和有关部门提出给予行政处分的建议：

（一）利用职权，谋取私利的；

（二）弄虚作假，徇私舞弊的；

（三）玩忽职守，给被审计单位和个人造成损失的；

（四）泄露秘密的。

第二十三条　对经济处理决定不服的单位和个人，可向作出处理决定机构的上一级机构提出申诉。

第二十四条　对有本规定第二十一条、第二十二条所列行为，情节严重，构成犯罪的，提请司法机关依法追究刑事责任。

## 第六章　附　　则

第二十五条　农村集体经济组织审计机构可接受委托向农村集体经济组织以外的单位提供审计服务，其收费标准，由省、自治区、直辖市农业行政主管部门会同同级财政、物价主管部门制定。

第二十六条　各省、自治区、直辖市可根据本规定制定实施办法。

第二十七条　本规定由农业部负责解释。

第二十八条　本规定自发布之日起施行。

第十五条 被审计单位对农村集体经济组织审计机构作出的审计结论和决定如有异议,可在收到审计结论和决定之日起十五日内,向上一级农村集体经济组织审计机构申请复审。上一级农村集体经济组织审计机构应当在收到复审申请之日起三十日内,作出复审结论和决定。特殊情况下,作出复审结论和决定的期限,可适当延长。

复审期间,不停止原审计结论和决定的执行。

第十六条 农村集体经济组织审计机构应当检查审计结论和决定的执行情况。

第十七条 农村集体经济组织审计机构对办理的审计事项必须建立审计档案,加强档案管理。

第十八条 农村集体经济组织审计机构应当对农村集体经济组织财务收支按月或按季进行经常、全面的审计监督。

## 第五章 奖 惩

第十九条 对遵守和维护财经法纪成绩显著的单位和个人,提出通报表扬和奖励。

第二十条 农村集体经济组织审计机构对被审计单位违反规定的收支、用工和非法所得的收入,应当在审计结论和决定中明确,分别按规定上缴国家,或退还农村集体经济组织和农户。

第二十一条 违反本规定,有下列行为之一的单位负责人、直接责任人员及其他有关人员,应当给予行政处分的,由农村集体经济组织审计机构建议当地人民政府或有关主管部门处理:

(一)拒绝提供帐簿、凭证、会计报表、资料和证明材料的;

(二)阻挠审计工作人员依法行使审计职权,抗拒、破坏监有关帐册、资产等临时措施。

**第九条** 农村集体经济组织审计工作人员依法行使职权，受法律保护，任何人不得打击报复。

## 第四章 审计程序

**第十条** 农村集体经济组织审计机构根据同级人民政府和上级业务主管部门的要求，结合本地实际，确定审计工作的重点，编制审计项目计划和工作方案。

农村集体经济组织审计机构确定审计事项后，应当通知被审计单位。

**第十一条** 农村集体经济组织审计人员根据审计项目，审查凭证、帐表，查阅文件、资料，检查现金、实物，向有关单位和人员进行调查，并取得证明材料。

证明人提供的书面证明材料应当由提供者签名或盖章。

**第十二条** 农村集体经济组织审计人员，在审计过程中，应当主动听取农民群众和民主理财组织的意见。

**第十三条** 农村集体经济组织审计人员对审计事项进行审计后，向委派其进行审计的农村集体经济组织审计机构提出审计报告。重大审计事项的审计报告，应当分别报送同级人民政府、上级农村集体经济组织审计机构和有关主管部门。

审计报告在报送之前，应当征求被审计单位的意见。被审计单位应当在收到审计报告之日起十日内提出书面意见。

**第十四条** 农村集体经济组织审计机构审定审计报告，作出审计结论和决定，通知被审计单位和有关单位执行，并向农民群众公布。

（一）资金、财产的验证和使用管理情况；

（二）财务收支和有关的经济活动及其经济效益；

（三）财务管理制度的制定和执行情况；

（四）承包合同的签订和履行情况；

（五）收益（利润）分配情况；

（六）承包费等集体专项资金的预算、提取和使用情况；

（七）村集体公益事业建设筹资筹劳情况；

（八）村集体经济组织负责人任期目标和离任经济责任；

（九）侵占集体财产等损害农村集体经济组织利益的行为；

（十）乡经营管理站代管的集体资金管理情况；

（十一）当地人民政府、国家审计机关和上级业务主管部门等委托的其它审计事项。

## 第三章 审计职权

**第八条** 农村集体经济组织审计机构在审计过程中有下列职权：

（一）要求被审计单位报送和提供财务计划、会计报表及有关资料；

（二）检查被审计单位的有关帐目、资产，查阅有关文件资料，参加被审计单位的有关会议；

（三）向有关单位和人员进行调查，被调查的单位和人员应当如实提供有关资料及证明材料；

（四）对正在进行的损害农村集体经济组织利益、违反财经法纪的行为，有权制止；

（五）对阻挠、破坏审计工作的被审计单位，有权采取封存

## 第一章 总　则

**第一条** 为了加强农村集体经济组织的审计监督，严肃财经法纪，提高经济效益，保护农村集体经济组织的合法权益，促进农村经济的发展，根据《中华人民共和国审计法》、《农民承担费用和劳务管理条例》、《审计署关于内部审计工作的规定》和有关法律、法规、政策，结合农村集体经济组织发展的具体情况，制定本规定。

**第二条** 农业部负责全国农村集体经济组织的审计工作。

审计业务接受国家审计机关和上级主管部门内审机构的指导。

**第三条** 县级以上地方人民政府农村经营管理部门负责指导农村集体经济组织的审计工作，乡级农村经营管理部门负责农村集体经济组织的审计工作。

**第四条** 凡建立农村集体经济组织审计机构的，都应配备相应的审计人员。

审计人员应当经过考核，发给审计证，凭证开展审计工作。

**第五条** 农村集体经济组织审计机构工作人员应当依法审计，忠于职守，坚持原则，客观公正，廉洁奉公，保守秘密。

## 第二章　审计范围和任务

**第六条** 农村集体经济组织审计机构的审计监督范围为村、组集体经济组织。

**第七条** 农村集体经济组织审计机构对前条所列单位的下列事项进行审计监督：

# 附　录

## 农村集体经济组织审计规定

### 农业部办公厅关于印发《农村集体经济组织审计规定》的通知

各省、自治区、直辖市农业（农林、农牧）厅（局、委、办）：

为全面推进农业依法行政，根据《国务院办公厅关于开展行政法规规章清理工作的通知》（国办发〔2007〕12号）要求，我部对《农村合作经济内部审计暂行规定》（农业部〔1992〕令第11号）的名称及部分条款进行了修改，并于2007年10月30日农业部第13次常务会议审议通过，2007年11月8日起施行（农业部令第6号）。现将新修改的《农村集体经济组织审计规定》印发给你们，请参照执行。

二〇〇八年一月二日

**第六十二条** 村合作经济组织总会计（主管会计）享受与村其他主要干部同等的劳动报酬和福利待遇。

# 第十章 附 则

**第六十三条** 本制度适用于由村民委员会代行合作经济组织职能的村。

**第六十四条** 各省、自治区、直辖市业务主管部门和财政部门，可根据本制度，结合当地实际情况，制定本制度的实施办法，并报农业部和财政部备案。

**第六十五条** 本制度自1997年1月1日起施行。1991年财政部、农业部制定的《村合作经济组织财务制度（试行）》同时废止。

议和进行检查监督；有权向上级和有关部门报告村合作经济组织的财务收支情况，反映财务管理方面的问题；有权不办理违反财务制度的收支；对认为是违反财务制度的收支，应立即制止和纠正；制止和纠正无效的，应向乡（镇）业务主管部门提出书面报告，要求处理。否则，财会人员负有一定的责任。

**第五十九条** 村合作经济组织的会计人员要接受上级主管部门的管理、培训和考核，并根据其政治思想、业务水平、工作实绩和从事财会工作的年限等条件，按有关规定颁发会计证和评定技术职称。要逐步实行凭证上岗制度。

**第六十条** 村合作经济组织会计人员要保持相对稳定，无正当理由，任何单位和个人都不得随意调换。

村合作经济组织会计人员的任免和调换，必须经成员大会或成员代表大会讨论通过，乡（镇）业务主管部门考核、批准，报县业务主管部门备案。

村主要干部的直系亲属不得任该村合作经济组织的财会人员。

财会人员调动或离职时，必须按规定办理交接手续，编制交接清单，移交人、接交人、监交人要签字盖章，乡（镇）业务主管部门验印存档。在未办清交接手续以前，财会人员不得离职。

**第六十一条** 村合作经济组织及其领导干部要支持财会人员履行工作职责，保证财会人员行使其工作权利。任何人不得打击报复财会人员。对于坚持原则，忠于职守，廉洁奉公并取得显著成绩的财会人员要给予表彰和奖励；对不负责任，造成损失或违反财经纪律和财务制度的财会人员要进行批评、教育和处罚。

务主管部门审查，经成员大会或成员代表大会讨论通过后执行。

1. 计划外较大的财务开支项目；
2. 主要生产项目的承包办法及承包指标；
3. 村合作经济组织管理人员工资的数额；
4. 其它重大财务事项。

对违反本条上述规定所造成的经济损失，在查清责任的基础上，酌情由责任人赔偿。

# 第九章　财会人员

**第五十六条**　村合作经济组织应设置财务机构，配备财务人员，包括会计员、出纳员等。会计员、出纳员之间不得互相兼职。

经济比较发达的村合作经济组织，应根据工作的需要，分别设置总会计（主管会计）和专业会计。总会计（主管会计）管理和指导专业会计（包括所属企事业单位和所辖的农业生产合作社的会计人员）搞好会计工作。

**第五十七条**　村合作经济组织的财会人员要坚持四项基本原则，认真贯彻执行党和国家的经济政策、法令、制度，遵守财经纪律；认真负责，廉洁奉公，全心全意为人民服务；努力学习，积极钻研业务，不断提高自己的政治、业务素质，做好本职工作；敢于坚持原则，反对侵犯集体经济和农民利益的行为，同违反财经纪律的行为作斗争。

**第五十八条**　村合作经济组织财会人员有权参与本单位各项财务计划的编制和参加有关生产、经营管理的会议；有权对本单位有关资金的筹集、使用和财产保管等方面的工作提出建

**第五十二条** 村合作经济组织要加强对财务档案的管理。建立财务（会计）档案室（柜），实行统一管理，专人负责，做到完整无缺、存放有序、方便查找。

不具备条件的村合作经济组织，可将其财务档案委托乡（镇）经营管理站（办公室）统一管理。

## 第八章 民主理财

**第五十三条** 村合作经济组织的财务管理工作必须坚持民主理财的原则，要按月或按季公布收支明细表及有关帐目，年终进行全面的财务检查和清理，公布全年财务收支帐目，接受群众的监督。

**第五十四条** 村合作经济组织要建立以其成员代表为主、有关村干部共同参加的民主理财组织。民主理财组织的成员应由群众选举产生。民主理财组织要定期召开理财会议。

民主理财组织要认真听取和反映全体成员对村合作经济组织财务管理工作的意见和建议。

民主理财组织有权监督财务制度的实施情况，重点对财务计划、收益分配方案、公积金、公益金、福利费的提取和使用，管理人员工资的确定，承包合同及其他经济合同的执行和实施情况进行检查；有权检查现金、银行存款、物资、产成品、固定资产的库存情况；有权检查会计帐目。

任何人不得妨碍民主理财组织行使上述职权。

**第五十五条** 除第九、十四、二十三、三十三、四十、六十条的规定外，村合作经济组织的下列事项也要报乡（镇）业

2. 提取公益金。公益金用于集体福利等公益设施建设，包括兴建学校、医疗站、福利院、电影院、幼儿园等。

3. 提取福利费。福利费用于集体福利、文教、卫生等方面的支出（不包括兴建集体福利等公益设施支出），包括照顾烈军属、五保户、困难户的支出，计划生育支出，农民因公伤亡的医药费、生活补助及抚恤金的支出等。

4. 向投资者分利。

5. 农户分配。

6. 其他。

第四十八条 村合作经济组织收益分配方案要报乡（镇）业务主管部门审查，经成员大会或成员代表大会讨论通过后执行。

## 第七章 财务报表和财务档案

第四十九条 村合作经济组织的财务报表分为月份（或季度）财务报表和年度财务报表。

月份（季度）财务报表包括科目余额表和收支明细表等。年度财务报表包括资产负债表和收益分配表。

第五十条 村合作经济组织应按规定准确、及时、完整地编制财务报表，定期提供给主管部门和有关单位，并向全体成员公布。

第五十一条 村合作经济组织的财务档案包括各种经济合同和承包合同或协议，各项财务计划及收益分配方案，各种会计凭证、会计帐簿和会计报表、会计人员交接清单、会计档案销毁清单等。

经营支出和管理费用以外的支出列为其他支出。

村合作经济组织要建立健全支出的预算、审批制度,量入为出,对管理费用等非经营性开支要实行总量控制,不得超支。

**第四十五条** 村合作经济组织的收益总额按照下列公式计算:

收益总额=经营收入+发包及上交收入+提留收入+投资净收益+其他收入-经营支出-管理费用-其他支出

投资净收益是指投资收益扣除投资损失后的数额。

投资收益包括对外投资分得的利润、股利和债券利息,以及投资到期收回或者中途转让取得款项高于帐面价值的差额。投资损失包括投资到期收回或者中途转让取得款项低于帐面价值的差额。

村合作经济组织在收取农户和承包单位承包上交的承包金、农户上交的提留款和所属企业上交利润时,要执行国家的有关规定,坚持取之有度、用之合理、因地制宜、量力而行的原则,既不能超越农户和所属企业的承受能力,又要保证集体扩大再生产和发展公益事业的需要。

**第四十六条** 村合作经济组织在进行年终收益分配工作以前,要准确地核算全年的收入和支出;清理财产和债权、债务;搞好承包合同的结算和兑现。

**第四十七条** 村合作经济组织的收益在进行依法纳税后按照大部分用于生产发展,小部分用于集体福利的原则,以下列顺序进行分配:

1. 提取公积金。公积金用于发展生产,可转增资本和弥补亏损。

# 第六章 经营收支、
# 收益及其分配

**第四十三条** 村合作经济组织的经营收入是指村合作经济组织进行各项生产、服务等经营活动取得的收入。包括农业生产收入、林业生产收入、牧业生产收入、渔业生产收入、销售物资收入、服务收入、劳务收入等。

村合作经济组织一般应于产品物资已经发出，劳务已经提供，同时收讫价款或取得收取价款的凭据时，确认经营收入的实现。对生产的农产品，应于产品收获入库时，确认经营收入的实现。

村合作经济组织的发包及上交收入是指农户和承包单位因承包集体耕地、林地、果园、鱼塘及其他集体资源等上交的承包金及村（组）办企业上交的利润。

提留收入是指农户按有关规定上交的集体提留款项。

经营收入、发包和上交收入及提留收入以外的收入列为其他收入。

**第四十四条** 村合作经济组织的经营支出是指村合作经济组织进行各项经营活动所耗费的支出，包括种子、种苗、化肥、农药、燃料、饲料、原材料等生产资料费用以及折旧费、运输费、修理费、保险费及递延资产摊销等。

管理费用是指村合作经济组织用于管理方面的支出，包括村合作经济组织管理人员工资、办公费、差旅费、管理用固定资产折旧费和维修费以及无形资产摊销等。

券以及超过一年的其他投资。

**第三十九条** 村合作经济组织的对外投资按下列原则计价：

以现金、存款等货币资金方式向其他单位投资的，按照实际支付的金额计价。

以实物、无形资产方式向其他单位投资的，按照评估确认或者合同、协议约定的价值计价。

村合作经济组织认购的股票，按照实际支付款项计价，实际支付款项中含有已宣告发放但尚未支付股利的，按照实际支付的款项扣除应收股利后的差额计价。

村合作经济组织认购的债券，按照实际支付的价款计价。实际支付款项中含有应计利息的，按照扣除应计利息后的差额计价。

**第四十条** 村合作经济组织以实物方式对外投资，其评估或合同、协议确认的价值必须真实、合理，不得高估或低估资产价值。其资产重估确认价值与其帐面净值的差额，计入公积金。

大额对外投资项目，要报乡（镇）业务主管部门审查，经成员大会或成员代表大会讨论决定。

**第四十一条** 村合作经济组织要加强对各种有价证券的管理。要建立有价证券登记簿，详细记载有价证券的名称、券别、购买日期、号码、数量和金额。有价证券要有专人（一般为现金出纳员）管理。

**第四十二条** 村合作经济组织对外投资分得的利润和利息等计入投资收益。出售、转让和收回对外投资时，按实际收到的数额与其帐面价值的差额，计入投资收益。

累计折旧、变价收入、过失人及保险公司赔款后的差额计入其他支出。数额较大的，可先计入递延资产，分年摊销，计入其他支出。

**第三十七条** 村合作经济组织的其他资产包括无形资产、递延资产及其他长期资产等。

无形资产是指村合作经济组织长期使用但是没有实物形态的资产，包括专利权、商标权、著作权、土地使用权、非专利技术、商誉等。无形资产按取得时的实际成本计价，并从使用之日起，按照不少于10年的期限平均摊销，计入管理费用。转让无形资产取得的收入，计入其他收入，其成本计入其他支出。但转让土地使用权的收入，应计入公积金。

递延资产是指不能全部计入当年支出，应当在以后年度内分期摊销的各项费用，包括不形成固定资产的农业基本建设支出、固定资产及在建工程非常损失等。递延资产按不少于五年的期限分期摊销，计入经营支出或其他支出。

其他长期资产是指不属于无形资产、递延资产的其他资产。

## 第五章　对外投资

**第三十八条** 村合作经济组织根据国家法律、法规规定，可以采用货币资金、实物、无形资产或者购买股票、债券等有价证券方式向其他单位投资，包括短期投资和长期投资。

短期投资指能够随时变现、持有时间不超过1年的有价证券以及不超过一年的其他投资。

长期投资指不准备随时变现、持有时间在1年以上的有价证和综合折旧率计提。具体办法和比率，由各省、自治区、直辖市业务主管部门根据实际情况确定，并报同级财政部门备案。

第三十二条 固定资产的大修理费直接计入有关支出项目，一次维修费过高的，可先计入递延资产，分年摊入有关支出项目。

第三十三条 大、中型固定资产的变卖和报废处理，要报乡（镇）业务主管部门审查，经成员大会或成员代表大会讨论通过后执行。

第三十四条 固定资产变卖和清理报废的变价净收入与其帐面净值的差额计入其他收入。固定资产变价净收入是指变卖和清理报废固定资产所取得的价款减清理费用后的净额。固定资产净值是指固定资产原值减累计折旧后的净额。

第三十五条 村合作经济组织的固定资产发包给承包者经营的，要合理确定承包金。承包者必须加强对固定资产的维护和管理，按承包合同规定，及时缴纳应上交的承包金。承包者不按承包合同的规定使用集体固定资产或无正当理由不及时向村合作经济组织缴纳应上交的承包金，村合作经济组织应向其收取违约金，或经农业承包合同管理机关裁定，将固定资产收回。承包者损坏的固定资产要及时修复，不能修复的按质论价，由承包者赔偿，但不得少于其帐面净值。

村合作经济组织对出租的固定资产，要合理确定租金，按出租合同或协议规定，加强管理，防止流失。

第三十六条 村合作经济组织应定期对固定资产盘点清查，做到帐实相符，年度终了前必须进行一次全面的盘点清查。对盘盈的固定资产，按重置完全价值减估计折旧的差额计入其他收入。对盘亏及毁损的固定资产，应查明原因，按其原价扣除

6. 经济林木开始有正常收入时转作固定资产，按实际支出的全部定植培育费用计价。

7. 幼畜育成转作产畜、役畜时，按市价计价。

8. 盘盈的固定资产，按重置完全价值计价。

**第二十九条** 村合作经济组织的在建工程指尚未完工、或虽已完工但尚未交付使用的工程项目。在建工程按实际消耗的费用或支付的工程价款计价。形成固定资产的在建工程完工交付使用后，计入固定资产。不形成固定资产的在建工程完工交付使用后，转为递延资产，分年度摊销，计入经营支出或其他支出。

在建工程部分发生报废或者毁损，按照扣除残料价值和过失人及保险公司赔款后的净损失，计入工程成本。单项工程报废以及由于自然灾害等非常原因造成的报废或者毁损，其净损失计入递延资产，分年度摊销，计入其他支出。

**第三十条** 村合作经济组织必须建立固定资产折旧制度，按年或按季、按月提取固定资产折旧。所提的折旧费应保证对固定资产损耗价值的补偿。

季节性使用的固定资产，要在使用期间提足全年折旧。

属于农业基本建设设施的固定资产，如晒场、水渠、道路、桥涵、贮窖、堤坝、水库、渔池等，需要重置更新的，应提取折旧；通过局部轮番修理可以达到整体更新的，不提取折旧。

房屋建筑物以外的未使用和不需用的固定资产、已提足折旧仍继续使用的固定资产不提折旧。

**第三十一条** 固定资产折旧方法一般采用平均年限法和工作量法。提取时可采用个别折旧率计提，也可采用分类折旧率

## 第四章　固定资产及其他资产

**第二十七条**　村合作经济组织的房屋、建筑物、机器、设备、工具、器具、产畜、役畜、经济林木和农业基本建设设施等劳动资料，凡使用年限在1年以上，单位价值在300元以上的列为固定资产。有些主要生产工具和设备，单位价值虽低于规定标准，但使用年限在1年以上的也可列为固定资产。

各省、自治区、直辖市业务主管部门可根据实际情况，制定固定资产目录，报同级财政部门备案。

**第二十八条**　村合作经济组织应按下列规定确定固定资产的入帐价值：

1. 购入的固定资产，不需要安装的，按买价加采购费、包装费、保险费、运杂费等计价；需要安装或改装的，还应加上安装费或改装费。

2. 新建的农业基本建设设施、房屋及建筑物等固定资产，按竣工验收、交付使用的决算价计价。

3. 接受捐赠的固定资产，应按发票所列金额加上实际发生的运输费、保险费、安装调试费等计价；无所附单据的，按同类设备的市价计价。

4. 在原有固定资产基础上进行改造、扩建的，按原有固定资产的价值，加上改造、扩建而增加的费用，减去改造、扩建工程中发生的变价收入计价。

5. 投资者投入的固定资产，按照评估确认或者合同、协议约定的价值加上新发生的包装费、运杂费和安装费等计价。

的各项欠款。村合作经济组织对拖欠的应收款项要采取切实可行的措施积极催收。对债务单位撤销，依照民事诉讼法确实无法追还，或债务人死亡，既无遗产可以清偿，又无义务承担人，确实无法收回的款项，要由乡（镇）业务主管部门审查，经成员大会或成员代表大会讨论后核销，计入其他支出。但由有关责任人造成的损失，应酌情由其赔偿。任何人不得擅自决定应收款项的减免。

**第二十四条** 村合作经济组织的存货包括种子、化肥、燃料、农药、原材料、机械零配件、低值易耗品、在产品、幼畜和育肥畜、产成品等。

存货按照下列原则计价：购入的物资按照买价加运输费、装卸费及途中合理损耗等计价。生产入库的农产品，凡国家规定有定购价的，按定购价计价；没有定购价的，按该项农产品大宗上市时的市场平均价计价。幼畜和育肥畜及工业产品平时在帐外进行登记，不单独计价；转出或出售时，按市价计价。

**第二十五条** 村合作经济组织必须建立健全存货的保管、领用制度。存货入库时，由会计填写入库单，保管员根据入库单清点验收，核对无误后入库；出库时，由会计填写出库单，主管负责人批准，领用人签名盖章，保管员根据出库单出库。要建立保管人员岗位责任制。

**第二十六条** 村合作经济组织对存货要定期盘点核对，做到帐实相符，年度终了前必须进行一次全面的盘点清查。盘盈的存货，按实际价格计入其他收入。盘亏、毁损和报废的存货，按实际价格扣除过失人或者保险公司赔款和残料价值之后，计入其他支出。

行条例》，建立健全现金、存款内部控制制度。

**第十七条** 村合作经济组织应严格执行帐款分别管理制度。配备现金出纳员，负责办理库存现金的收支和保管工作，并建立岗位责任制。现金出纳员不登记会计记录，非现金出纳员不得管理现金。

**第十八条** 村合作经济组织向单位和农户收取现金时要手续完备，使用统一规定的收款凭证，并及时入帐。不准以白条抵库，不准坐支，不准挪用，不准公款私存。库存现金不得超过规定限额。

**第十九条** 村合作经济组织必须建立健全现金开支审批制度，严格现金开支审批手续。计划内的现金开支要由主管财务的领导审批。对手续不完备的开支，不准付款；对不合理的开支，出纳人员有权拒绝付款并向上级主管部门反映。

**第二十条** 村合作经济组织要及时、准确地核算现金收入、支出和结存，做到日清月结，帐款相符。会计员与出纳员要定期核对现金及存款帐。

**第二十一条** 村合作经济组织要加强对银行存款的管理。支票、存折和印鉴应分别妥善保管，定期与银行或信用社核对帐目。不出租出借银行帐户，不签发空头支票和远期支票，不套取银行信用。

**第二十二条** 村合作经济组织可在不改变集体资金所有权的前提下，将暂时闲置的货币资金，按照自愿互利、有偿使用的原则，加入乡（镇）、村农村合作基金会，用于内部资金融通，以提高资金的使用效益。

**第二十三条** 村合作经济组织的应收款项包括单位和个人

资产投入村合作经济组织形成的资本。

第九条 村合作经济组织筹集的资本，投资者除依法转让外，不得随意抽走。在特殊情况下确实需要抽走的，须经成员大会或成员代表大会讨论决定。

第十条 村合作经济组织对投入的资产要按有关规定进行评估。投入的劳务要合理计价。

第十一条 村合作经济组织在筹集资本活动中，接受捐赠的财产以及资产评估确认价值或者合同、协议约定价值与原帐面净值的差额等，计入公积金。

第十二条 村合作经济组织的负债包括流动负债和长期负债。

流动负债指偿还期在1年以内的债务，包括短期借款、应付款项等。

长期负债指偿还期超过1年以上的债务，包括长期借款及应付款项等。

第十三条 村合作经济组织的负债按实际发生的数额计价，其利息支出计入其他支出。对发生因债权人特殊原因确实无法支付的应付款项，计入其他收入。

第十四条 村合作经济组织应合理举债，按期偿还各项债务。大额借债要经民主理财组织或成员代表大会讨论决定。

## 第三章 流动资产

第十五条 村合作经济组织的流动资产包括现金、各种存款、应收款项、存货等。

第十六条 村合作经济组织要严格执行国家《现金管理暂

搞好各项承包合同的签订、结算和兑现工作，加强对所属企事业单位财务活动的管理和监督，指导有关农户搞好经济核算。

**第六条** 村合作经济组织应当做好财务管理基础工作。各项财产物资的增减要有完整的原始记录；各项收支活动要做到手续齐全，内容合理；平时不定期地进行财产清查，年度终了前，要进行一次全面财产清查。

**第七条** 村合作经济组织的财务工作要接受业务主管部门（即农村合作经济经营管理部门，下同）和财政部门的指导和监督。

## 第二章 资金筹集

**第八条** 村合作经济组织根据有关法律、法规规定，可以采取多种形式筹集资本。

资本分为村（组）资本、外单位资本、个人资本、国家资本等。

村（组）资本指村（组）以其依法可以支配的资产和劳务投入村合作经济组织形成的资本（包括原生产队积累折股股金和合作化时期形成的股份基金）。

外单位资本指村合作经济组织以外的单位以其依法可以支配的资产投入村合作经济组织形成的资本。

个人资本指村合作经济组织内部成员或社会个人以个人合法财产投入村合作经济组织形成的资本。

国家资本指有权代表国家投资的政府部门或者机构以国有

# 第一章 总　则

**第一条**　为了适应社会主义市场经济发展的需要，规范村合作经济组织的财务行为，稳定和完善以家庭联产承包为主的责任制和统分结合的双层经营体制，根据《企业财务通则》的原则和精神，结合村合作经济组织的实际情况，制定本制度。

**第二条**　本制度适用于按行政村、自然村或原生产大队、生产队设置的社区性合作经济组织（以下称村合作经济组织）。村办企业执行行业企业财务制度。

**第三条**　村合作经济组织是社会主义劳动群众集体所有制经济组织，有独立进行经济活动的自主权，其合法权益受法律保护。任何单位和个人都不准侵犯、平调村合作经济组织的财产和向其摊派。

村合作经济组织的财务管理工作，要贯彻执行党和国家在农村的方针政策及有关法律法规；适应家庭联产承包责任制的需要和双层经营体制的特点，坚持统一管理与分散管理相结合的原则；实行计划管理和民主管理；坚持自力更生、勤俭办事业的原则。

**第四条**　村合作经济组织应建立健全财务管理制度，如实反映村合作经济组织的财务状况，正确处理国家、集体、个人以及集体内部各行业、各经营层次之间的经济利益关系，维护生产经营者的合法权益，保护集体资产的安全与完整。

**第五条**　村合作经济组织要完善内部承包经营责任制，

# 村合作经济组织财务制度（试行）

财政部关于印发《村合作经济组织财务制度（试行）》、《村合作经济组织会计制度（试行）》的通知
财农字〔1996〕第 50 号

各省、自治区、直辖市、计划单列市财政厅（局）：

　　为了加强村合作经济组织财务管理和会计核算，根据《企业财务通则》、《企业会计准则》的原则和精神，结合村合作经济组织的实际情况，经与农业部共同研究，制定了《村合作经济组织财务制度（试行）》、《村合作经济组织会计制度（试行）》，现发给你们，请从 1997 年 1 月 1 日起执行，原制度同时废止。执行中有何问题，请及时上报我部。

中华人民共和国财政部
1996 年 3 月 14 日

（十四）农民专业合作社联合社名称依次由行政区划、字号、行业、组织形式组成，组织形式应当标明"专业合作社联合社"字样，并符合国家有关名称登记管理规定。

（十五）农民专业合作社联合社由住所所在地的县（市）、区以上工商行政管理部门登记。

各地工商行政管理部门和农业行政管理部门要认真贯彻落实本《意见》精神，加强沟通协作，建立高效的会商机制，加强研究、定期交流、信息共享、密切配合，共同做好农民专业合作社登记管理、跟踪服务与指导工作。执行过程中遇到的新情况、新问题，要及时报告工商总局和农业部。

工商总局　农业部<br>2013 年 12 月 18 日

有效途径。

（八）农民专业合作社每年定期向登记机关报送农民专业合作社年度报告书，在登记机关指定网站上公示其年报的相关资料，并对公示年报信息的真实性负责。

（九）工商行政管理、农业行政管理部门应对农民专业合作社年报信息的填报加强指导，帮助农民专业合作社完整准确公示信息。要运用年报信息开展监督管理、行政指导、政策扶持和配套服务。要建立年报信息抽查核查制度，对年报信息的真实性进行核查，对年报中弄虚作假的，要依法予以处理。要将年报信息填报情况作为示范社动态监测的重要内容，对未按规定时间进行年度申报或申报信息不完整的，在动态监测中予以标注。

三、积极探索开展农民专业合作社联合社登记管理工作

（十）引导农民专业合作社以产品和产业为纽带开展合作与联合，积极探索农民专业合作社联合社登记管理办法。

（十一）农民专业合作社联合社应当由农民专业合作社根据发展需要自愿联合组建，以服务成员为宗旨，实行民主管理。

（十二）农民专业合作社联合社设立、变更、注销及备案登记参照《农民专业合作社法》、《农民专业合作社登记管理条例》相关规定办理，在设立登记时领取《农民专业合作社法人营业执照》。

（十三）农民专业合作社联合社成员应为农民专业合作社，且成员数应在3个以上。设立农民专业合作社联合社应有符合《农民专业合作社法》、《农民专业合作社登记管理条例》规定的章程、组织机构、成员出资、业务范围。农民专业合作社联合社可以与其成员使用同一住所。

员会）出具的身份证明。

（三）国有农（牧、渔、林）场等企业、事业单位中实行承包经营、从事农产品生产经营或农业生产经营服务的职工可以参照《农民专业合作社法》、《农民专业合作社登记管理条例》设立农民专业合作社。从事农产品生产经营的，在登记时应当提交土地承包经营合同；从事农业生产经营服务（包括农业技术服务、农产品运输、农机服务、养殖等）的，在登记时应当提交本人居民身份证和由所在国有农（牧、渔、林）场出具的身份确认文件。符合上述条件的职工人数或职工与农民人数之和至少应当占成员总数的80%。

（四）村民委员会不能成为农民专业合作社的单位成员。不得混淆村民委员会管理公共事务的职能与农民专业合作社的经济组织功能、实行"村社合一"。

（五）依照《农民专业合作社法》的要求，遵循民管、民享、民受益和农民自愿的原则推进农民专业合作社发展，不得采取自上而下、行政命令的方法强行推动设立农民专业合作社或者农民专业合作社联合社。

（六）扎实推进农民专业合作社示范社建设。制定农民专业合作社示范社评定标准，建立科学的示范社申报、审核评定和动态监测机制，将示范社作为政策扶持重点，引导农民专业合作社积极创建示范社。

二、建立农民专业合作社年报制度

（七）建立农民专业合作社年报制度，掌握农民专业合作社登记事项执行情况和经营运行状态，是落实《农民专业合作社财务会计制度（试行）》的客观要求，是为农民专业合作社积累商业信誉，提供信用服务，引导农民专业合作社规范发展的

## 工商总局、农业部关于进一步做好农民专业合作社登记与相关管理工作的意见

工商个字〔2013〕199号

各省、自治区、直辖市工商行政管理局、农业（农牧、农村经济）厅（委、办、局）、新疆生产建设兵团农业局：

《农民专业合作社法》颁布实施以来，各级工商行政管理、农业行政管理部门充分发挥职能作用，积极服务和促进农民专业合作社发展，农民专业合作社数量快速增长，实力逐步增强，在发展现代农业、促进农民增收、建设社会主义新农村中发挥了重要作用。为贯彻落实《中共中央 国务院关于加快发展现代农业进一步增强农村发展活力的若干意见》（中发〔2013〕1号）精神，按照"积极发展、逐步规范、强化扶持、提升素质"的要求，进一步加强农民专业合作社登记及相关管理，促进农民专业合作社健康发展，现提出如下意见：

一、进一步规范农民专业合作社管理工作

（一）按照《农民专业合作社法》、《农民专业合作社登记管理条例》的要求，农民专业合作社成员应依法在工商行政管理部门备案。各级登记机关应加强对农民专业合作社申办者的宣传引导，按照法律法规对农民专业合作社所有成员予以备案。

（二）已迁入城镇居住但仍保留土地承包经营权的居民申请设立农民专业合作社可以按照农民身份对待，其成员身份证明为居民身份证、土地承包经营权证，或者村民委员会（居民委

检查，加大指导力度，及时总结典型经验，在更大范围和更高层次上推动有条件的农民专业合作社承担涉农项目。各地合作社指导部门要加强与涉农项目主管部门的协作和配合，主动提供服务，及时、客观准确提供有关信息资料。加强对合作社财务会计工作的指导。积极指导和帮助有条件的农民专业合作社按规定程序申报涉农项目。

二〇一〇年五月四日

三、支持农民专业合作社承担涉农项目的范围、条件及方式

（一）支持范围

支持农民专业合作社承担的涉农项目主要包括：支持农业生产、农业基础设施建设、农业装备保障能力建设和农村社会事业发展的有关财政资金项目和中央预算内投资项目。凡适合农民专业合作社承担的，均应积极支持有条件的农民专业合作社承担。

（二）支持条件

涉农项目主管部门应当支持具备下列基本条件的农民专业合作社承担相关涉农项目：

1. 经工商行政管理部门依法登记并取得农民专业合作社法人营业执照；

2. 有符合法律、法规规定的组织机构、章程和财务管理等制度；

3. 经营状况和信用记录良好；

4. 符合有关涉农项目管理办法（指南）规定的各项条件。

（三）支持方式

涉农项目主管部门在支持有条件的农民专业合作社承担相关涉农项目时，要根据项目性质，合理确定支持方式。具体支持方式为：

1. 支持符合项目申报条件的合作社独立承担；

2. 支持有关部门或单位把合作社纳入涉农项目实施单位范围。

四、有关要求

各地涉农项目主管部门要加强对项目资金使用情况的监督

涉农项目，是法律赋予农民专业合作社这类新型市场主体的应有权利。支持有条件的农民专业合作社承担涉农项目，是贯彻落实法律规定的具体体现，是增强基层科技创新能力，促进农业社会化服务体系建设的有效途径，是支持农民专业合作社加快发展的重要举措。各级各有关部门要高度重视，进一步解放思想，提高认识，牢固树立扶持农民专业合作社就是扶持农业和农民的观念，加大力度，积极支持有条件的农民专业合作社承担涉农项目。

二、支持有条件的农民专业合作社承担涉农项目的总体要求和基本原则

支持有条件的农民专业合作社承担涉农项目，要坚持以科学发展观为指导，将扶持农民专业合作社作为扶持农业和农民的重要手段，以扶持农民专业合作社加快发展，使之成为引领农民参与国内外市场竞争的现代农业经营组织为目标。对适合农民专业合作社承担的涉农项目，涉农项目管理办法（指南）中已将农民专业合作社纳入申报范围的，要继续给予支持；尚未明确将农民专业合作社纳入申报范围的，应尽快纳入并明确申报条件；今后新增的涉农项目，只要适合农民专业合作社承担的，都应将农民专业合作社纳入申报范围，明确申报条件。

支持有条件的农民专业合作社承担涉农项目的基本原则：涉农项目主管部门应当积极支持有条件的有关农民专业合作社参与涉农项目建设。委托和安排农民专业合作社承担的涉农项目的现行申报渠道、资金来源渠道和管理方式保持不变。

# 关于支持有条件的农民专业合作社承担国家有关涉农项目的意见

农经发〔2010〕6号

为贯彻落实《农民专业合作社法》关于"国家支持发展农业和农村经济的建设项目，可以委托和安排有条件的有关农民专业合作社实施"的规定，以及《中共中央国务院关于2009年促进农业稳定发展农民持续增收若干意见》（中发〔2009〕1号）关于"尽快制定有条件的合作社承担国家涉农项目的具体办法"的要求，现就支持有条件的农民专业合作社承担国家有关涉农项目（以下简称涉农项目）具体事宜，提出以下意见。

一、充分认识支持有条件的农民专业合作社承担涉农项目的重大意义

农民专业合作社是广大农民群众的积极探索和伟大创造，是稳定完善农村基本经营制度的有效途径，是推动农业经营体制机制创新、提高农业生产和农民进入市场组织化程度的重要载体，是构建新型农业社会化服务体系的基础力量。《农民专业合作社法》颁布实施以来，农民专业合作社发展速度明显加快，组织功能逐步完善，涉及产业门类日益增多，农业内部增收潜力不断挖掘，服务内容不断拓展，带动农民增收效果明显，市场竞争能力日益增强，正在逐步成为发展现代农业和建设现代农业产业体系的重要组织载体。有条件的农民专业合作社承担

立农民林业专业合作社的重大意义、政策法规、专业知识及成功典型、经验做法等，引导农民创办和加入农民林业专业合作社，营造全社会关心和支持农民林业专业合作社健康发展的舆论环境和良好工作氛围。要切实做好培训工作，帮助农民林业专业合作社管理人员掌握好政策和经营技术，努力培养造就一支高素质的经营管理队伍，促进农民林业专业合作社健康快速发展。

（二十七）加强制度建设，建立长效机制

各级林业主管部门要高度重视农民林业专业合作社建设，要明确指导思想、工作目标和重点任务，落实工作责任，制定保障措施。要充分利用当前农民林业专业合作社建设与发展的良好机遇，建立健全法律法规体系，保障农民林业专业合作社持续健康发展。

国家林业局

二〇〇九年八月十八日

五、不断强化发展农民林业专业合作社的组织保障

（二十三）明确部门职能，强化机构建设

各级林业主管部门要依法履行对农民林业专业合作社的指导、协调和服务职能，明确专门机构，配备专职人员负责此项工作。要充分发挥基层林业工作站在服务农民林业专业合作社中的作用。要制定农民林业专业合作社发展规划并组织实施。要做好农民林业专业合作社的试点示范、政策咨询、业务指导、宣传培训等工作，指导农民林业专业合作社完善内部运行机制，建立健全规章制度，搞好规范化建设。

（二十四）积极沟通协调，落实扶持政策

各级林业主管部门要加大与发展改革、财政、工商、税务、金融、人事等部门的协调力度，落实各项优惠政策。积极争取国家对农民林业专业合作社开展林业生产、加工、流通、服务和其他涉林经济活动的各项优惠政策。在落实各项扶持政策时，对民族地区、边远地区和贫困地区的农民林业专业合作给予优先扶持和适当倾斜。通过财政支持、税收优惠和金融、科技的扶持以及产业政策引导等措施，促进农民林业专业合作社发展。

（二十五）开展试点示范，积极培育典型

各地要抓好典型，大力开展农民林业专业合作社的试点示范工作，坚持示范引路，以点带面。要选择和培育一批优势明显、运行流畅、操作规范、带动作用大的农民林业专业合作社作为试点示范单位。要积极开展农民林业专业合作社评定表彰工作，充分发挥典型示范作用。

（二十六）加大宣传培训，营造良好氛围

各级林业主管部门要不断加大宣传工作力度。重点宣传建

农民林业专业合作社或其成员依法采伐自有林木，可按森林经营方案执行。未编制森林经营方案的，林业主管部门应按照森林资源状况安排采伐指标，依法发放林木采伐许可证并及时做好相关服务。

（二十一）支持农民林业专业合作社开展多渠道融资和森林保险业务

各级林业主管部门要按照《中国人民银行 财政部 银监会 保监会 林业局关于做好集体林权制度改革与林业发展金融服务工作的指导意见》（银发〔2009〕170号）的要求，支持农民林业专业合作社开展多渠道融资和森林保险业务，支持农民林业专业合作社开展成员之间的信用合作。要切实加强森林资源勘界、确权、登记发证工作，要加强森林资源资产评估和林木、林地经营权流转管理，及时依法为农民林业专业合作社办理林权抵押登记手续并加强抵押林地、林木的监管工作。

（二十二）依法对农民林业专业合作社实行财政和税收优惠政策

国家依法支持农民专业合作社开展信息、培训、产品质量标准与认证、基础设施建设、市场营销和技术推广等服务的资金，应当安排农民林业专业合作社使用。农民林业专业合作社应当享受《财政部 国家税务总局关于农民专业合作社有关税收政策的通知》（财税〔2008〕81号）中的有关税收优惠政策。农民林业专业合作社成员采伐自有林木的，应当降低或免征育林基金，具体实施办法由各省、自治区、直辖市制定，并报财政部、国家林业局备案。

四、切实加强对农民林业专业合作社的政策扶持

（十六）积极支持农民林业专业合作社承担林业工程建设项目

天然林保护、公益林管护、速生丰产林基地建设、木本粮油基地建设、生物质能源林建设、碳汇造林等林业工程建设项目，林业基本建设投资、技术转让、技术改造等项目，应当优先安排农民林业专业合作社承担。

（十七）大力扶持农民林业专业合作社基础设施建设

各地应将农民林业专业合作社的森林防火、林业有害生物防治、林区道路建设等基础设施建设纳入林业专项规划，优先享受国家各项扶持政策。

（十八）鼓励有条件的农民林业专业合作社承担科技推广项目

支持农民林业专业合作社承担林木优良品种（系）选育及林木高效丰产栽培技术、森林植被恢复和生态系统构建技术、野生动物驯养繁育技术、森林资源综合利用技术等林业新品种、新技术推广项目。

（十九）鼓励农民林业专业合作社创建知名品牌

积极鼓励和支持农民林业专业合作社开展林产品商标注册、品牌创建、产品质量标准与认证、森林可持续经营认证活动。对通过质量标准和认证以及森林可持续经营认证的，林业主管部门应给予奖励。

（二十）支持农民林业专业合作社开展森林可持续经营活动

县级林业主管部门和基层林业工作站要指导和帮助农民林业专业合作社自主编制森林经营方案。经林业主管部门认定后，

(十三) 合理分配利益

农民林业专业合作社要建立合理的利益分配机制，按照章程规定或者成员大会决议，把可分配盈余量化为每个成员的份额，主要按照成员与本社的交易量所占的比例进行分配，确保各成员得到公平、合理的收益，不断增强合作社的吸引力和凝聚力。

(十四) 加强财务管理和监督

农民林业专业合作社要按照《财政部关于印发农民专业合作社财务会计制度（试行）的通知》（财会〔2007〕15号）进行会计核算，依法建立健全销售业务、采购业务、存货、对外投资、固定资产、借贷业务内部控制制度。应定期、及时向成员公布财务状况等会计信息，接受成员的监督。农民林业专业合作社成员以其账户内记载的出资额和公积金份额为限对农民林业专业合作社承担责任。有条件的农民林业专业合作社要设立执行监事或者监事会，对本社的财务进行内部审计，审计结果向成员大会报告。如果有必要，成员大会也可以委托独立的审计机构对本社的财务进行审计。

(十五) 依法进行变更和注销登记

农民林业专业合作社的名称、住所、成员出资总额、业务范围、法定代表人姓名发生变更的，要及时到工商行政管理部门申请变更登记。涉及营业执照变更的，要同时申请换发营业执照。因章程规定、成员大会决议、合并或分立、依法被吊销营业执照的，应依法进行合并、分立、解散和清算，维护各成员的合法权益，并及时向工商行政管理部门申请注销登记，办理注销登记手续。

(十) 依法登记

每个农民林业专业合作社至少要有 5 名以上的成员，其中农民至少占到成员总数的 80%，确保农民在专业合作社中的主体地位。设立农民林业专业合作社要召开全体设立人参加的设立大会，及时到工商行政管理部门依法登记注册，领取农民林业专业合作社法人营业执照。未经依法登记的，不得以农民林业专业合作社的名义从事经营活动。

(十一) 突出服务宗旨

农民林业专业合作社以其成员为主要服务对象，依照专业合作社章程为成员提供林木种苗、林业机具、化肥农药等生产资料采购供应服务，提供苗木、花卉、木材及其加工产品、森林食品、药材等林产品销售、加工、运输、贮藏以及有关的林业技术、政策咨询、信息发布、许可代理等产前、产中、产后服务；联合防火、防病虫害、防人为破坏，统一产品生产标准、统一承揽林业工程建设任务。以及开展林权抵押贷款、森林保险和社区合作内部化的金融服务。通过服务，引进推广新品种、新技术，推进专业化生产、规模化经营，优化配置林业生产要素，提高农民抵御市场风险和自然灾害的能力。

(十二) 实行民主管理

农民林业专业合作社成员入社自愿，退社自由，由全体成员依据章程实行民主决策、管理和监督。重大事项由成员大会或成员代表大会讨论决定，实行一人一票制，同时可以依法设立附加表决权。农民林业专业合作社依法在许可的经营范围内自主经营管理，任何组织和个人不得干涉。

造林步伐，提高森林经营水平，提升森林资源质量，增加森林资源总量，增强森林生态系统的整体功能，促进资源增长、农民增收、生态良好、林区和谐。

——以市场运作为导向。坚持以市场需求为导向，以利益共享为纽带，紧紧依托优势产业、特色产品来培育和发展专业合作社，完善内部运行机制，提高专业合作社的市场竞争能力。

——以政府引导规范为保障。切实加强政府的指导、支持和服务作用，加强典型示范，协调落实各项扶持政策，优化发展环境，指导专业合作社建设，不断提高专业合作社建设的规范化、制度化水平。

三、依法建立农民林业专业合作社

（八）依法组建

在家庭承包经营的基础上，从事林木种苗与花卉生产、植树造林、森林管护、森林采伐、林下种植、林间养殖、野生动物驯养繁殖、生态旅游、生产资料采购、林产品销售、加工、运输、贮藏等经营业务的提供者和利用者，都可以在自愿联合的前提下，组建农民林业专业合作社，也可以依法以资金、林木、林地、产品、劳力等形式出资或折资折股入社。

（九）制定章程

设立农民林业专业合作社要根据"民办、民管、民受益"的要求，依法制定适合本社特点的章程，章程应当载明名称和住所、业务范围、成员资格、加入和退出的条件、成员的权利和义务、成员出资方式、数额、财务及资金管理、盈余分配、亏损处理、组织机构的设置及其职责、解散事由和清算办法等。

训、生态保护等综合性服务，培养农民的市场竞争意识和互助合作精神，提高农民经营能力和技术水平，培养和造就新型农民，有利于增强农民的民主管理意识，保障农民民主权利，有利于完善乡村治理结构，促进基层民主建设和乡风文明。

二、发展农民林业专业合作社的指导思想和基本原则

（六）指导思想

以邓小平理论和"三个代表"重要思想为指导，深入贯彻落实科学发展观，切实执行《中华人民共和国农民专业合作社法》，全面落实国家有关扶持政策，以林业专业化合作为基础，以优势林业产业和特色产品为依托，大力发展农民林业专业合作社，优化合作社治理结构，切实加强经营管理，建立农民增收的长效机制和利益保障机制，不断提高林业生产的规模化、产业化和生态化水平，努力实现兴林富民，为发展现代林业、建设生态文明、推动科学发展、构建和谐社会做出新的贡献。

（七）基本原则

发展农民林业专业合作社，必须坚持以下基本原则。

——以服务农民为宗旨。围绕发展林业生产，全力为成员提供产前、产中、产后服务，在服务中加快发展、在发展中强化服务。

——以尊重农民意愿为核心。坚持"民办、民管、民受益"，充分尊重农民的经营主体地位，维护家庭承包经营制度，依法保障农民林地承包经营权和林业生产经营自主权，坚持入社自愿、退社自由、地位平等、民主管理，实现利益共享、风险共担。

——以资源增长和农民增收为目标。坚持有利于加快植树

（二）发展农民林业专业合作社，是推进适度规模经营、发展现代林业的重要抓手

林业生产周期长，适度规模经营有利于按照自然规律和经济规律，实现良性循环。发展农民林业专业合作社，有利于突破家庭小规模、分散经营格局，发挥规模经营的优势，推进林业标准化、产业化、信息化、生态化发展，提高林业劳动生产率和林地产出率；有利于发展林产品加工流通业，带动林业产业结构调整，加快现代林业发展进程。

（三）发展农民林业专业合作社，是维护农民权益、促进农民增收的重要途径

发展农民林业专业合作社，通过合作经营、集约经营和规模经营，有利于降低林产品生产和流通成本，增加农民收入；有利于创新机制，激励农民增加投入，提高农民投资收益；有利于提高农民的市场谈判地位，维护农民合法权益。

（四）发展农民林业专业合作社，是培育新型市场主体、发展市场经济的内在要求

发展农民林业专业合作社，有利于专业化分工合作，促进各类生产要素向林业流动，提高要素配置效率；有利于形成共同购买林业生产资料、租赁机械、销售产品、共享技术信息的合作体；有利于共同经营森林，克服生产周期长的弱点，形成有效的资金流；有利于联合从事林产品加工业，提高林产品的附加值；有利于形成产权明晰、内部运行机制规范的新型市场主体，促进农村经济发展。

（五）发展农民林业专业合作社，是培育新型农民、推进社会主义新农村建设的重要载体

农民林业专业合作社通过为农民提供林业科技、信息、培

# 国家林业局关于促进农民林业专业合作社发展的指导意见

林改发〔2009〕190号

各省、自治区、直辖市林业厅（局），新疆生产建设兵团林业局，国家林业局各司局、各直属单位：

为深入贯彻落实中央林业工作会议和《中共中央、国务院关于全面推进集体林权制度改革的意见》（中发〔2008〕10号）精神，促进农民林业专业合作社发展，规范农民林业专业合作社组织及其行为，维护农民林业专业合作社及其成员的合法权益，加快现代林业发展，依据《中华人民共和国农民专业合作社法》及有关法律法规，结合林业实际，提出以下指导意见。

一、充分认识发展农民林业专业合作社的重要性

（一）发展农民林业专业合作社，是坚持家庭承包经营、促进互助合作的重要形式

农民林业专业合作社是在明晰产权、承包到户的基础上，同类林产品的生产经营者或者同类林业生产经营服务的提供者、利用者，自愿联合，民主管理的互助性经济组织。建立农民林业专业合作社，能够有效地解决林业生产经营活动中政府"统"不了、部门"包"不了、农户"办"不了或"办起来不合算"的难题，有效地解决千家万户的小生产与千变万化的大市场连接的交易费用大和风险成本高的问题，对于进一步巩固和发展集体林权制度改革的成果将产生重要作用。

进农业机械化发展的重要任务和重点工作，摆上重要位置，列入议事日程。要结合实际制定本地区农机专业合作社建设发展规划，提出切实可行的发展目标和任务，强化资金保障、示范推广、人员培训和指导服务等措施。要把发展农机专业合作社作为农机化工作的重要考核内容，整合资源，落实责任，调动农机管理、推广、培训、维修、安全监理、信息服务等方面的力量，形成齐抓共促的良好局面。要加强与有关部门的协调沟通，解决农机专业合作社发展中遇到的资金投入、用地保障、油料供应、工商登记、场库棚建设和维修保障等方面的困难和问题，形成各方面支持农机专业合作社发展的合力。要加强普法宣传，进一步增强农民群众和广大农机手的法律意识，推动依法办社。要深入实际，调查研究，加强工作指导，及时了解新情况，总结新经验，解决新问题，促进农机专业合作社又好又快发展。

中华人民共和国农业部<br>二〇〇九年六月二十九日

资金投资农机专业合作社，逐步建立起国家扶持、群众自筹、集体入股、银行贷款等多渠道、多形式、多元化的投入机制。

（三）加快人才培养

按照分类指导、分级负责、注重实效的原则，制订培训规划，采取学历教育、远程教育、短期进修、参观考察多种形式，培养农机专业合作社专门人才。大力开展农机专业合作社的法人代表和财会人员、维修人员和高级操作工等业务骨干培训，全面提高农机专业合作社的经营管理和技术水平。支持农业大专院校和农机职业技术学校开办相关专业和课程。加强对县乡农机化主管部门工作人员有关法律知识、业务知识的培训，提高指导农机专业合作社发展的能力和水平。

（四）加强示范引导

树立典型，广泛宣传，加强工作指导与服务，推广成功经验，示范带动农机专业合作社发展。组织开展农机专业合作社示范社建设活动，培育发展一批设施完备、功能齐全、特色明显、效益良好的示范合作社。抓紧制定完善农机专业合作社库棚建设、维修能力建设等规范，宣传推广《农机专业合作社示范章程》、《农机社会化服务作业合同》等规范，引导农机专业合作社依法经营，规范运作，诚信服务，提高效益。加强对农机专业合作社经营管理和技术应用的指导、服务。做好信息引导和服务，及时向农机专业合作社及广大农民发布农机作业需求、价格行情、天气资讯、油料供应、维修服务等信息，支持、引导农机专业合作社的生产经营活动。

五、切实加强发展农机专业合作社工作的组织领导

各级农机化主管部门要坚持把发展农机专业合作社作为促

（四）坚持示范引导

以试点示范引路，典型带动，以点带面。防止压任务、下指标，切忌一刀切、急于求成，推动农机专业合作社健康发展。

（五）坚持规范发展

正确处理好规范与发展的关系，发展与规范并重，将农机专业合作社制度建设、运行机制完善放在与增加装备设施投入同等重要的位置，在促进发展中抓好规范。通过规范建设，完善机制，提高发展能力，增强发展活力，实现持续发展。

四、认真落实发展农机专业合作社的扶持措施

（一）落实扶持政策

协调落实对跨区作业的农机免收道路通行费，对农技推广、农机作业和维修等服务项目免征所得税，对农民专业合作社免除登记及审检费等政策。各地农机更新补贴、政策性保险、农机作业补贴等政策要向农机专业合作社倾斜。有条件的地区，农机化主管部门要减免农机专业合作社操作人员的培训考试费用和拖拉机、联合收割机的登记、检验等费用，扶持农机专业合作社发展。

（二）加大投入力度

农机购置补贴资金向农机专业合作社倾斜，优先补贴，实行多购多补，有条件的地方可以累加补贴。多渠道争取农机专业合作社建设资金，强化合作社基础设施条件建设，完善合作社服务功能，壮大合作社经济实力。各级农机化主管部门要支持农机专业合作社承担各种农业机械化发展和建设项目，将农机专业合作社作为实施各类农机财政专项和基本建设项目、科技研究推广项目的重要主体。引导农业产业化龙头企业和其他社

到 2015 年，发展农机专业合作社的目标任务是：农机专业合作社数量有大幅度增加，发展质量有明显提升，机制更加灵活，制度更加规范，服务领域更加宽广，效益更加明显，社会化服务程度显著提高，在农业机械化发展中的主体作用明显增强，在农业社会化服务中的影响力、带动力充分显现。

三、准确把握发展农机专业合作社的基本原则

发展农机专业合作社，必须以《农民专业合作社法》为准绳，把握和遵循以下基本原则。

（一）坚持农民自主

按照"民办、民管、民受益"的原则，以农民、机手为主体，以服务社员为宗旨，实行民主选举、民主管理、民主决策、民主监督，最大程度的实现和维护社员利益，不断增强农机专业合作社的凝聚力、吸引力和感召力。

（二）坚持因地制宜

从本地实际出发，因势利导，鼓励合作形式多样化，投资主体多元化，服务方式市场化，增强发展活力。鼓励农机专业合作社在搞好农机服务的基础上，根据农民生产经营的需要，拓宽服务领域，成为农业社会化服务体系的重要力量。

（三）坚持政府扶持

把政府扶持作为发展农机专业合作社的有力支撑，对农机专业合作社的发展给予多方面的扶持、指导和服务。认真落实法律法规和各级政府规定的各项扶持农机专业合作社发展的政策措施，特别是财政、税收、金融、科技、人才等方面的政策措施，保护和调动农民的积极性，推动农机专业合作社加快发展。

信息、人才等生产要素的有效整合，推动农机农艺结合，加快农业科技应用，提高农业生产集约化水平和组织化程度，完善农村基本经营制度，有效提高土地产出率、劳动生产率和资源利用率。发展农机专业合作社，有利于促使维修、信息服务与机械使用有机结合，推动大型、复式、高性能机械和先进农业技术的推广应用；有利于落实政策宣传、农机维修、技术培训、生产组织和安全教育，健全基层农机化技术推广服务体系，推进农机服务市场化、社会化、产业化；有利于把农机手组织起来，提高农机作业的组织化程度，促进新型农民发展。因此，加快发展农机专业合作社，是完善农业生产经营体制的重要内容，是增强农业综合生产能力的有效举措，是推进农业科技进步的有生力量，是提升农机化水平的迫切需要。各级农机化主管部门要切实增强责任感、使命感和紧迫感，认清形势，把握机遇，尤其要抓住国家农机具购置补贴大幅度增加，农民购买和使用农业机械热情高涨的有利时机，认真总结经验，明确工作目标，采取有力措施，推进农机专业合作社快速发展。

二、进一步明确发展农机专业合作社的总体思路和目标任务

当前和今后一个时期发展农机专业合作社的总体思路是：以党的十七大和十七届三中全会精神为指导，深入贯彻落实科学发展观，全面实施《农民专业合作社法》，把发展农机专业合作社作为发展农业机械化的重要组织形式和建设农机社会化服务体系的主攻方向，落实政策措施，积极培育建设，加强指导服务，推进多样化创建、规范化运营、市场化服务、产业化经营，推动农机专业合作社又好又快发展。

# 农业部关于加快发展农机专业合作社的意见

农机发〔2009〕6号

各省、自治区、直辖市农机管理局（办公室），黑龙江省农垦总局农机局、新疆生产建设兵团农机局：

农机专业合作社是农民专业合作社的重要组成部分。近年来，特别是《农民专业合作社法》公布实施以来，我国农机专业合作社快速发展，组织化、规模化、产业化程度不断提高，显示出强大的生命力，为推进农业机械化，促进农业稳定发展、农民持续增收做出了积极贡献。但总体上看，当前我国农机专业合作社的发展尚处于起步阶段。一些地方对发展农机专业合作社的重要型和紧迫性认识不足，工作力度不大，扶持措施不够，农机专业合作社发展缓慢。一些农机专业合作社组织化程度较低，运行不够规范，发展水平不高。为深入贯彻落实党的十七届三中全会决定和中央1号文件精神，加快发展农机专业合作社，推进现代农业和社会主义新农村建设，现提出如下意见。

一、充分认识发展农机专业合作社的重要意义

农机专业合作社将农机经营者有效组织起来，开展农机社会化服务，加强农机拥有者和使用者的紧密联结，扩大了农机作业服务规模，提高了机械利用率和农机经营效益，有效解决了农业机械大规模作业与亿万农户小规模生产的矛盾。通过农机专业合作社，可以实现农业规模化经营、标准化生产、社会化服务的有机统一，促进土地、劳动力、资金、装备、技术、

**第十五条** 全国联席会议办公室根据各省（区、市）在监测中淘汰的国家示范社数量，在下一次国家示范社评定中予以等额追加。

## 第五章 附 则

**第十六条** 国家示范社及申报国家示范社的农民专业合作社应按要求如实提供有关材料，不得弄虚作假。如存在舞弊行为，一经查实，已经评定的国家示范社取消其资格；未经评定的取消其申报资格，3年内不得再行申报。

**第十七条** 国家示范社要及时提供有关材料，对不认真、不及时提供的，要给予警告，并作为监测考核的重要依据。

**第十八条** 对在申报、评定、监测工作中，不坚持公开、公平、公正原则，存在徇私舞弊行为的有关人员，要按有关党纪政纪规定予以严肃查处。

**第十九条** 各省（区、市）农业行政主管部门可根据本办法，会同发改、财政、水利、税务、工商、林业、银行业监督管理机构、供销社等部门和单位，制定本地示范社评定办法。

**第二十条** 本办法由全国联席会议办公室负责解释。

**第二十一条** 本办法自发布之日起施行。

**第十三条** 实行两年一次的监测评价制度。

具体程序：

（一）全国联席会议办公室提出国家示范社运行监测工作方案，报全国联席会议确定后组织开展运行监测评价工作。

（二）国家示范社在监测年份的 5 月 20 日前，将本社发展情况报所在县级农业行政主管部门及其他业务主管部门。材料包括：国家示范社发展情况统计表，示范社成员产品交易、盈余分配、财务决算、成员增收、涉农项目实施等情况，享受税费减免、财政支持、金融扶持、用地用电等优惠政策情况。

（三）县级农业行政主管部门会同农业（农机、渔业、畜牧、农垦）、水利、林业、供销社等部门和单位，对所辖区域国家示范社所报材料进行核查。核查无误后，经市级农业行政主管部门进行汇总，报省级农业行政主管部门。省级农业行政主管部门会同有关部门组织专家对本地区内国家示范社监测材料进行审核，提出合格与不合格监测意见并报全国联席会议办公室。

（四）全国联席会议办公室组织相关领域专家成立专家组，负责对各省（区、市）监测结果进行审查，提出监测意见和建议。

（五）根据专家组的监测意见，全国联席会议办公室对国家示范社的运行状况进行分析，完成监测报告并提交全国联席会议审定。

**第十四条** 监测合格的国家示范社，以农业部文件确认并公布。监测不合格的或者没有报送监测材料的，取消其国家示范社资格，从国家示范社名录中删除。

示范社进行复核。

**第十条** 国家示范社评定要坚持标准，严格程序。

评定程序：

（一）工作组根据各省（区、市）农业行政主管部门会同其他业务主管部门联合审定的推荐意见，对示范社申报材料进行审查，提出国家示范社候选名单和复核意见。

（二）全国联席会议办公室根据工作组的意见和建议，形成评定工作报告报全国联席会议审定。

（三）全国联席会议审定后，在有关媒体上进行公示，公示期为7个工作日。对公示的农民专业合作社有异议的，由地方农业行政主管部门会同有关部门进行核实，提出处理意见。

（四）经公示无异议的农民专业合作社，获得国家农民专业合作社示范社称号，由农业部、国家发改委、财政部、国家税务总局、国家工商总局、中国银监会、水利部、国家林业局、中华全国供销合作总社等部门和单位联合发文并公布名单。

（五）全国联席会议办公室将国家示范社名单汇总，建立国家示范社名录。

## 第四章 监 测

**第十一条** 建立国家示范社动态监测制度，对国家示范社运行情况进行综合评价，为制定国家示范社的动态管理和扶持政策提供依据。

**第十二条** 全国联席会议成员单位加强对国家示范社的调查研究，跟踪了解国家示范社的生产经营情况，研究完善相关政策，解决发展中遇到的突出困难和问题。

生产经营的农民专业合作社，申报标准可以适当放宽。国家示范社的评定重点向生产经营重要农产品和提供农资、农机、植保、灌排等服务，承担生态建设、公益林保护等项目任务重、贡献突出的农民专业合作社倾斜。

**第七条** 申报国家示范社的农民专业合作社应提交本社基本情况等有关材料。

具体申报程序：

（一）农民专业合作社向所在地的县级农业行政主管部门及其他业务主管部门提出书面申请；

（二）县级农业行政主管部门会同农业（农机、渔业、畜牧、农垦）、水利、林业、供销社等部门和单位，对申报材料进行真实性审查，征求发改、财政、税务、工商、银行业监督管理机构等单位意见，经地（市）级农业行政主管部门会同其他业务主管部门复核，向省级农业行政主管部门推荐，并报省级有关业务主管部门备案；

（三）省级农业行政主管部门分别征求农业（农机、渔业、畜牧、农垦）、发改、财政、税务、工商、银行业监督管理机构、水利、林业、供销社等部门和单位意见，经专家评审后在媒体上进行公示。经公示无异议的，根据示范社分配名额，以省级农业行政主管部门文件向全国联席会议办公室等额推荐，并附审核意见和相关材料。

## 第三章 评 定

**第八条** 国家示范社每两年评定一次。

**第九条** 全国联席会议办公室组织工作组，对各地推荐的

（五）服务成效明显

1. 坚持服务成员的宗旨，以本社成员为主要服务对象。

2. 入社成员数量高于本省（区、市）同行业农民专业合作社平均水平，其中，种养业合作社成员数量达到100人以上（特色农林种养业合作社成员数量可适当放宽）。农民成员占合作社成员总数的80%以上，企业、事业单位和社会团体成员不超过成员总数的5%。

3. 成员主要生产资料统一购买率、主要产品（服务）统一销售（提供）率超过80%，新品种、新技术普及推广。

4. 带动农民增收作用突出，成员收入高于本县（市、区）同行业非成员农户收入30%以上。

（六）产品（服务）质量安全

1. 广泛推行标准化，有严格的生产技术操作规范，建立完善的生产、包装、储藏、加工、运输、销售、服务等记录制度，实现产品质量可追溯。

2. 在同行业农民专业合作社中产品质量、科技含量处于领先水平，有注册商标，获得质量标准认证，并在有效期内（不以农产品生产加工为主的合作社除外）。

（七）社会声誉良好

1. 遵纪守法，社风清明，诚实守信，在当地影响大、示范带动作用强。

2. 没有发生生产（质量）安全事故、环境污染、损害成员利益等严重事件，没有行业通报批评等造成不良社会影响，无不良信用记录。

**第六条** 对于从事农资、农机、植保、灌排等服务和林业

3. 可分配盈余按成员与本社的交易量（额）比例返还，返还总额不低于可分配盈余的 60%。与成员没有产品或服务交易的股份合作社，可分配盈余应按成员股份比例进行分配。

4. 每年编制年度业务报告、盈余分配方案或亏损处理方案、财务会计报告，经过监事会审核，在成员（代表）大会召开的十五日前置于办公地点供成员查阅，理事会接受成员质询。

5. 监事会负责对本社财务进行内部审计，审计结果报成员（代表）大会。成员（代表）大会也可以委托审计机构对本社财务进行审计。

6. 国家财政直接补助形成的财产平均量化到成员账户，并建立具体的项目资产管护制度。

7. 按照《农民专业合作社财务会计制度（试行）》规定，年终定期向工商登记机关和农村经营管理部门报送会计报表。

（四）经济实力较强

1. 成员出资总额 100 万元以上。

2. 固定资产：东部地区 200 万元以上，中部地区 100 万元以上，西部地区 50 万元以上。

3. 年经营收入：东部地区 500 万元以上，中部地区 300 万元以上，西部地区 150 万元以上。

4. 生产鲜活农产品（含林产品，下同）的农民专业合作社参与"农社对接"、"农超对接"、"农企对接"、"农校对接"等，进入林产品交易市场和林产品交易服务平台流通，销售渠道稳定畅通。

5. 生产经营、财务管理、社务管理普遍采用现代技术手段。

运行2年以上。登记事项发生变更的，农民专业合作社依法办理变更登记。

2. 组织机构代码证、税务登记证齐全。有固定的办公场所和独立的银行账号。

3. 根据本社实际情况并参照农业部《农民专业合作社示范章程》、国家林业局《林业专业合作社示范章程（示范文本）》，制订章程。

（二）实行民主管理

1. 成员（代表）大会、理事会、监事会等组织机构健全，运转有效，各自职责和作用得到充分发挥。

2. 建立完善的财务管理、社务公开、议事决策记录等制度，并认真执行。

3. 每年至少召开一次成员（代表）大会并有完整会议记录，所有出席成员在会议记录或会议签到簿上签名。涉及到重大财产处置和重要生产经营活动等事项由成员（代表）大会决议通过。

4. 成员（代表）大会选举和表决实行一人一票制，或采取一人一票制加附加表决权的办法，附加表决权总票数不超过本社成员基本表决权总票数的20%。

（三）财务管理规范

1. 配备必要的会计人员，设置会计账簿，编制会计报表，或委托有关代理记账机构代理记账、核算。财会人员持有会计从业资格证书，会计和出纳互不兼任。财会人员不得兼任监事。

2. 成员账户健全，成员的出资额、公积金量化份额、与本社的交易量（额）和返还盈余等记录准确清楚。

## 第一章 总 则

**第一条** 根据中央关于"实行部门联合评定示范社机制，分级建立示范社名录，把示范社作为政策扶持重点"的要求，为进一步规范国家农民专业合作社示范社的评定及监测工作，加强对农民专业合作社示范社的指导、扶持与服务，促进农民专业合作社快速健康发展，制定本办法。

**第二条** 国家农民专业合作社示范社（以下简称"国家示范社"）是指按照《中华人民共和国农民专业合作社法》、《农民专业合作社登记管理条例》等法律法规规定成立，达到规定标准，并经全国农民合作社发展部际联席会议（以下简称"全国联席会议"定的农民专业合作社。

**第三条** 对国家示范社的评定和监测，坚持公开、公平、公正原则，不干预农民专业合作社的生产经营自主权，实行竞争淘汰机制，发挥中介组织和专家的作用。

**第四条** 国家示范社评定工作采取名额分配、等额推荐、媒体公示、发文认定的方式。全国联席会议根据各省（区、市）农民专业合作社发展和示范社建设情况，确定各省（区、市）国家示范社分配名额。

## 第二章 申 报

**第五条** 申报国家示范社的农民专业合作社原则上应是省级示范社，并符合以下标准：

（一）依法登记设立

1. 依照《中华人民共和国农民专业合作社法》登记设立，

# 国家农民专业合作社示范社评定及监测暂行办法

农业部　国家发展和改革委员会　财政部等
关于印发《国家农民专业合作社
示范社评定及监测暂行办法》的通知

各省、自治区、直辖市、计划单列市、新疆生产建设兵团农业（农牧、农村经济）厅（委、办、局），发展改革委，财政厅（局），水利厅（局），国家税务局、地方税务局，工商行政管理局，林业厅（局），各银监局，供销合作社：

为切实做好国家农民专业合作社示范社的评定、监测和指导服务工作，根据《中共中央国务院关于加快发展现代农业进一步增强农村发展活力的若干意见》（中发〔2013〕1号）关于"实行部门联合评定示范社机制，分级建立示范社名录"和《国务院关于同意建立全国农民合作社发展部际联席会议制度的批复》（国函〔2013〕84号）关于"制定国家农民合作社示范社评定监测管理办法"的要求，农业部、发展改革委、财政部、水利部、国家税务总局、国家工商行政管理总局、国家林业局、中国银监会、中华全国供销合作总社制定了《国家农民专业合作社示范社评定及监测暂行办法》，现印发你们，请贯彻执行。

2013年12月13日

17. 生产食用农产品的农民专业合作社产品获得无公害产品、绿色食品、有机农产品或有机食品认证。生产食用农产品的农民专业合作社主要产品拥有注册商标。

（五）社会反响好

18. 享有良好社会声誉，无生产（质量）安全事故、行业通报批评、媒体曝光等不良记录。

19. 成员收入高于本县域内同行业非成员农户收入 30% 以上，成为农民增收的重要渠道。

觉接受农村经营管理部门对合作社财务会计工作的指导和监督。

（二）经营规模大

10. 所涉及的主要产业是县级或县级以上行政区域优势主导产业或特色产业。经营规模高于本省同行业农民专业合作社平均水平。

11. 农机专业合作社拥有农机具装备20台套以上，年提供作业服务面积达到1.5万亩以上。

（三）服务能力强

12. 入社成员数量高于本省同行业农民专业合作社成员平均水平，其中，种养业专业合作社成员数量达到150人以上。农民占成员总数的80%以上，企业、事业单位和社会团体成员不超过成员总数的5%。

13. 成员主要生产资料（初入社自带固定资产除外）统一购买率、主要产品（服务）统一销售（提供）率超过80%，标准化生产率达到100%。

14. 主要为成员服务，与非成员交易的比例低于合作社交易总量的50%。

15. 生产鲜活农产品的农民专业合作社参与"农超对接"、"农校对接"，或在城镇建立连锁店、直销点、专柜、代销点，实现销售渠道稳定畅通。

（四）产品质量优

16. 生产食用农产品的农民专业合作社所有成员能够按照《农产品质量安全法》和《食品安全法》的规定，建立生产记录制度，完整记录生产全过程，实现产品质量可追溯。

民主决策。

4. 成员（代表）大会选举和表决实行一人一票制，或一人一票制加附加表决权的办法，其中附加表决权总票数不超过本社成员基本表决权总票数的20%，切实做到民主管理。

5. 按照章程规定或合作社成员（代表）大会决议，建立健全社务监督机构，从本社成员中选举产生监事会成员或执行监事，或由合作社成员直接行使监督权，切实做到民主监督。

6. 根据会计业务需要配备必要的会计人员，设置会计账簿，编制会计报表，或委托有关代理记账机构代理记账、核算。财会人员持有会计从业资格证书，会计和出纳互不兼任。理事会、监事会成员及其直系亲属不得担任合作社的财会人员。

7. 为每个成员设立成员账户，主要记载该成员的出资额、量化为该成员的公积金份额、该成员与本社的交易情况和盈余返还状况等。提取公积金的合作社，每年按照章程规定将公积金量化为每个成员的份额并记入成员账户。

8. 可分配盈余按成员与本社的交易量（额）比例返还，返还总额不低于可分配盈余的60%。

9. 每年组织编制合作社年度业务报告、盈余分配方案或亏损处理方案、财务状况说明书，并经过监事会（执行监事）或成员直接审核，在成员（代表）大会召开的十五日前置于办公地点供成员查阅，并接受成员质询。监事会（或执行监事）负责对本社财务进行内部审计，审计结果报成员（代表）大会，或由成员（代表）大会委托审计机构对本社财务进行审计。自

(区、市)农业部门要高度重视农民专业合作社示范社建设,参照本标准,采取多种方式,因地制宜地开展示范社建设行动,尽快培育一批符合标准的示范社。要加强与有关部门的沟通协调,加大对示范社的财政扶持奖补力度,重点支持示范社承担有关国家涉农项目,提高示范社贷款授信等级和贷款用信额度,搞好示范社宣传,扩大示范社影响,充分发挥其示范带动作用。

各省(区、市)农业部门要认真总结当地农民专业合作社示范社建设的好做法、好经验,并将有关情况及时报农业部经管司。

二〇一〇年六月十一日

(一) 民主管理好

1. 依照《农民专业合作社法》登记设立,在工商行政管理部门登记满2年。有固定的办公场所和独立的银行账号。组织机构代码证、税务登记证齐全。

2. 根据本社实际情况并参照农业部《农民专业合作社示范章程》制订章程,建立完善的财务管理制度、财务公开制度、社务公开制度、议事决策记录制度等内部规章制度,并认真执行。

3. 每年至少召开一次成员(代表)大会并有完整会议记录,所有出席成员在会议记录上签名。涉及到重大财产处置和重要生产经营活动等事项由成员(代表)大会决议通过,切实做到

# 农民专业合作社示范社创建标准（试行）

## 农业部关于印发《农民专业合作社示范社创建标准（试行）》的通知

农经发〔2010〕8号

各省、自治区、直辖市、计划单列市、新疆生产建设兵团农业（农牧、农村经济）、农机、农垦、渔业厅（委、办、局）：

为贯彻落实《中共中央国务院关于加大统筹城乡发展力度进一步夯实农业农村发展基础的若干意见》（中发〔2010〕1号）提出的"大力发展农民专业合作社，深入推进示范社建设行动"要求，按照农业部等11部门《关于开展农民专业合作社示范社建设行动的意见》（农经发〔2009〕10号）确定的示范社建设目标和主要内容，结合各地示范社建设经验，我部制定了《农民专业合作社示范社创建标准（试行）》，现印发你们，请参照执行。

制定试行《农民专业合作社示范社创建标准（试行）》是贯彻落实今年中央1号文件精神的具体措施，有利于指导各地广泛深入开展农民专业合作社示范社建设行动，有利于推动农民专业合作社规范化、上水平发展，对于率先培育一批引领农民参与国内外市场竞争的现代农业经营组织具有重要作用。各省记的住所可以重新取得联系，申请移出经营异常名录的，工商行政管理部门应当自查实之日起 5 个工作日内作出移出决定。

第十六条 农民专业合作社对其被列入经营异常名录有异议的，可以自公示之日起 30 日内向作出决定的工商行政管理部门提出书面申请并提交相关证明材料，工商行政管理部门应当在 5 个工作日内决定是否受理。予以受理的，应当在 20 个工作日内核实，并将核实结果书面告知申请人；不予受理的，将不予受理的理由书面告知申请人。

工商行政管理部门通过核实发现将农民专业合作社列入经营异常名录存在错误的，应当自查实之日起 5 个工作日内予以更正。

第十七条 对农民专业合作社被列入、移出经营异常名录的决定，可以依法申请行政复议或者提起行政诉讼。

第十八条 工商行政管理部门未依照本办法的有关规定履行职责的，由上一级工商行政管理部门责令改正；情节严重的，对负有责任的主管人员和其他直接责任人员依照有关规定予以处理。

第十九条 农民专业合作社年度报告及公示内容格式，由国家工商行政管理总局统一制定。

第二十条 本办法由国家工商行政管理总局负责解释。

第二十一条 本办法自 2014 年 10 月 1 日起施行。

示的信息虚假的，可以向工商行政管理部门举报。工商行政管理部门应当自收到举报材料之日起20个工作日内进行核查，予以处理，并将处理结果书面告知举报人。

第十条　农民专业合作社未按照本办法规定的期限报送年度报告并公示的，工商行政管理部门应当自当年年度报告公示结束之日起10个工作日内作出将其列入经营异常名录的决定，并通过企业信用信息公示系统向社会公示。

第十一条　农民专业合作社年度报告公示信息隐瞒真实情况、弄虚作假的，工商行政管理部门应当自查实之日起10个工作日内作出将其列入经营异常名录的决定，并通过企业信用信息公示系统向社会公示。

第十二条　工商行政管理部门在依法履职过程中通过登记的住所无法与农民专业合作社取得联系的，应当自查实之日起10个工作日内作出将其列入经营异常名录的决定，并通过企业信用信息公示系统向社会公示。

第十三条　依照本办法第十条规定被列入经营异常名录的农民专业合作社，可以在补报未报年份的年度报告并公示后，申请移出经营异常名录，工商行政管理部门应当自收到申请之日起5个工作日内作出移出决定。

第十四条　依照本办法第十一条规定被列入经营异常名录的农民专业合作社，更正其公示的年度报告信息后，可以向工商行政管理部门申请移出经营异常名录，工商行政管理部门应当自查实之日起5个工作日内作出移出决定。

第十五条　依照本办法第十二条规定被列入经营异常名录的农民专业合作社，依法办理住所变更登记，或者提出通过登

**第四条** 农民专业合作社应当于每年 1 月 1 日至 6 月 30 日，通过企业信用信息公示系统向工商行政管理部门报送上一年度年度报告，并向社会公示。

当年设立登记的农民专业合作社，自下一年起报送并公示年度报告。

**第五条** 农民专业合作社年度报告内容包括：

（一）行政许可取得和变动信息；

（二）生产经营信息；

（三）资产状况信息；

（四）开设的网站或者从事网络经营的网店的名称、网址等信息；

（五）联系方式信息；

（六）国家工商行政管理总局要求公示的其他信息。

**第六条** 农民专业合作社应当对其年度报告内容的真实性、及时性负责。

**第七条** 农民专业合作社发现其公示的年度报告内容不准确的，应当及时更正，更正应当在每年 6 月 30 日之前完成。更正前后内容同时公示。

**第八条** 省、自治区、直辖市工商行政管理局应当组织对农民专业合作社年度报告公示信息进行随机抽查。

抽查的农民专业合作社名单和抽查结果应当通过企业信用信息公示系统公示。

农民专业合作社年度报告公示信息的抽查比例、抽查方式、抽查程序参照《企业公示信息抽查暂行办法》有关规定执行。

**第九条** 公民、法人或者其他组织发现农民专业合作社公

# 农民专业合作社年度报告公示暂行办法

国家工商行政管理总局令

第 70 号

《农民专业合作社年度报告公示暂行办法》已经国家工商行政管理总局局务会议审议通过，现予公布，自 2014 年 10 月 1 日起施行。

国家工商行政管理总局局长
2014 年 8 月 19 日

**第一条** 为规范农民专业合作社年度报告公示，依据《农民专业合作社登记管理条例》、《企业信息公示暂行条例》、《注册资本登记制度改革方案》等行政法规和国务院有关规定，制定本办法。

**第二条** 农民专业合作社年度报告的报送、公示适用本办法。

**第三条** 国家工商行政管理总局和省、自治区、直辖市工商行政管理局分别负责全国和各省、自治区、直辖市农民专业合作社年度报告公示的管理工作，并对下级工商行政管理部门开展年度报告公示工作进行指导和监督。

各级工商行政管理部门负责其登记的农民专业合作社的年度报告公示相关工作。

**第五十五条** 本社财产优先支付清算费用和共益债务后，按下列顺序清偿：

（一）与农民成员已发生交易所欠款项；

（二）所欠员工的工资及社会保险费用；

（三）所欠税款；

（四）所欠其它债务；

（五）归还成员出资、公积金；

（六）按清算方案分配剩余财产。

清算方案须经成员大会通过或者申请人民法院确认后实施。本社财产不足以清偿债务时，依法向人民法院申请破产。

## 第六章 附 则

**第五十六条** 本社需要向成员公告的事项，采取　　方式发布，需要向社会公告的事项，采取＿＿＿＿＿＿＿方式发布。

**第五十七条** 本章程由设立大会表决通过，全体设立人签字后生效。

**第五十八条** 修改本章程，须经半数以上成员或者理事会提出，理事长【注：或者理事会】负责修订，成员大会讨论通过后实施。

**第五十九条** 本章程由本社理事会【注：或者理事长】负责解释。

全体设立人签名、盖章：

割，并自分立决议作出之日起十日内通知债权人。分立前的债务由分立后的组织承担连带责任。但是，在分立前与债权人就债务清偿达成的书面协议另有约定的除外。

第五十一条　本社有下列情形之一，经成员大会决议，报登记机关核准后解散：

（一）本社成员人数少于五人；

（二）成员大会决议解散；

（三）本社分立或者与其他农民专业合作社合并后需要解散；

（四）因不可抗力因素致使本社无法继续经营；

（五）依法被吊销营业执照或者被撤销；

（六）成员共同议决的其他情形。【注：如不作具体规定此项可删除】

第五十二条　本社因前条第一项、第二项、第四项、第五项、第六项情形解散的，在解散情形发生之日起十五日内，由成员大会推举　名成员组成清算组接管本社，开始解散清算。逾期未能组成清算组时，成员、债权人可以向人民法院申请指定成员组成清算组进行清算。

第五十三条　清算组负责处理与清算有关未了结业务，清理本社的财产和债权、债务，制定清偿方案，分配清偿债务后的剩余财产，代表本社参与诉讼、仲裁或者其他法律程序，并在清算结束后，于____日内向成员公布清算情况，向原登记机关办理注销登记。

第五十四条　清算组自成立起十日内通知成员和债权人，并于六十日内在报纸上公告。

**第四十六条** 当年扣除生产经营和管理服务成本，弥补亏损、提取公积金和公益金后的可分配盈余，经成员大会决议，按照下列顺序分配：

（一）按成员与本社的业务交易量（额）比例返还，返还总额不低于可分配盈余的百分之____【注：依法不低于百分之六十，具体比例由成员大会讨论决定】；

（二）按前项规定返还后的剩余部分，以成员账户中记载的出资额和公积金份额，以及本社接受国家财政直接补助和他人捐赠形成的财产平均量化到成员的份额，按比例分配给本社成员，并记载在成员个人账户中。

**第四十七条** 本社如有亏损，经成员大会讨论通过，用公积金弥补，不足部分也可以用以后年度盈余弥补。

本社的债务用本社公积金或者盈余清偿，不足部分依照成员个人账户中记载的财产份额，按比例分担，但不超过成员账户中记载的出资额和公积金份额。

**第四十八条** 执行监事或者监事会负责本社的日常财务审核监督。根据成员大会【注：或者理事会】的决定【注：或者监事会的要求】，本社委托_____审计机构对本社财务进行年度审计、专项审计和换届、离任审计。

## 第五章 合并、分立、解散和清算

**第四十九条** 本社与他社合并，须经成员大会决议，自合并决议作出之日起十日内通知债权人。合并后的债权、债务由合并后存续或者新设的组织承继。

**第五十条** 经成员大会决议分立时，本社的财产作相应分

**第四十条** 以非货币方式作价出资的成员与以货币方式出资的成员享受同等权利，承担相同义务。

经理事长【注：或者理事会】审核，成员大会讨论通过，成员出资可以转让给本社其他成员。

**第四十一条** 为实现本社及全体成员的发展目标需要调整成员出资时，经成员大会讨论通过，形成决议，每个成员须按照成员大会决议的方式和金额调整成员出资。

**第四十二条** 本社向成员颁发成员证书，并载明成员的出资额。成员证书同时加盖本社财务印章和理事长印鉴。

**第四十三条** 本社从当年盈余中提取百分之____的公积金，用于扩大生产经营、弥补亏损或者转为成员出资。

【注：农民专业合作社可以根据自身发展的实际情况决定是否提取公积金。】

**第四十四条** 本社从当年盈余中提取百分之____的公益金，用于成员的技术培训、合作社知识教育以及文化、福利事业和生活上的互助互济。其中，用于成员技术培训与合作社知识教育的比例不少于公益金数额的百分之____。

【注：农民专业合作社可以根据自身发展的实际情况决定是否提取公益金。】

**第四十五条** 本社接受的国家财政直接补助和他人捐赠，均按本章程规定的方法确定的金额入账，作为本社的资金（产），按照规定用途和捐赠者意愿用于本社的发展。在解散、破产清算时，由国家财政直接补助形成的财产，不得作为可分配剩余资产分配给成员，处置办法按照国家有关规定执行；接受他人的捐赠，与捐赠者另有约定的，按约定办法处置。

兼任。理事会、监事会成员及其直系亲属不得担任本社的财会人员。

**第三十五条** 成员与本社的所有业务交易，实名记载于各该成员的个人账户中，作为按交易量（额）进行可分配盈余返还分配的依据。利用本社提供服务的非成员与本社的所有业务交易，实行单独记账，分别核算。

**第三十六条** 会计年度终了时，由理事长【注：或者理事会】按照本章程规定，组织编制本社年度业务报告、盈余分配方案、亏损处理方案以及财务会计报告，经执行监事或者监事会审核后，于成员大会召开十五日前，置备于办公地点，供成员查阅并接受成员的质询。

**第三十七条** 本社资金来源包括以下几项：

（一）成员出资；

（二）每个会计年度从盈余中提取的公积金、公益金；

（三）未分配收益；

（四）国家扶持补助资金；

（五）他人捐赠款；

（六）其他资金。

**第三十八条** 本社成员可以用货币出资，也可以用库房、加工设备、运输设备、农机具、农产品等实物、技术、知识产权或者其他财产权利作价出资，但不得以劳务、信用、自然人姓名、商誉、特许经营权或者设定担保的财产等作价出资。成员以非货币方式出资的，由全体成员评估作价。

**第三十九条** 本社成员认缴的出资额，须在____个月内缴清。

（六）理事会授予的其他职权【注：如不作具体规定此项可删除】。

本社理事长或者理事可以兼任经理。

第三十一条　本社现任理事长、理事、经理和财务会计人员不得兼任监事。

第三十二条　本社理事长、理事和管理人员不得有下列行为：

（一）侵占、挪用或者私分本社资产；

（二）违反章程规定或者未经成员大会同意，将本社资金借贷给他人或者以本社资产为他人提供担保；

（三）接受他人与本社交易的佣金归为己有；

（四）从事损害本社经济利益的其他活动；

（五）兼任业务性质相同的其他农民专业合作社的理事长、理事、监事、经理。

理事长、理事和管理人员违反前款第（一）项至第（四）项规定所得的收入，归本社所有；给本社造成损失的，须承担赔偿责任。

## 第四章　财务管理

第三十三条　本社实行独立的财务管理和会计核算，严格按照国务院财政部门制定的农民专业合作社财务制度和会计制度核定生产经营和管理服务过程中的成本与费用。

第三十四条　本社依照有关法律、行政法规和政府有关主管部门的规定，建立健全财务和会计制度，实行每月____日【注：或者每季度第____月____日】财务定期公开制度。

本社财会人员应持有会计从业资格证书，会计和出纳互不

（七）代表本社负责记录理事与本社发生业务交易时的业务交易量（额）情况；

（八）履行成员大会授予的其他职责【注：如不作具体规定此项可删除】。

卸任理事须待卸任 年后【注：填写本章程第二十三条规定的理事长任期】方能当选监事。

第二十八条　监事会会议由监事长召集，会议决议以书面形式通知理事会。理事会在接到通知后 日内就有关质询作出答复。

第二十九条　监事会会议的表决实行一人一票。监事会会议须有三分之二以上的监事出席方能召开。重大事项的决议须经三分之二以上监事同意方能生效。监事个人对某项决议有不同意见时，其意见记入会议记录并签名。

【注：农民专业合作社可以根据自身发展的实际情况决定是否设执行监事和监事会。如不设立，第二十七条、第二十八条、第二十九条相关内容可删除。】

第三十条　本社经理由理事会【注：或者理事长】聘任或者解聘，对理事会【注：或者理事长】负责，行使下列职权：

（一）主持本社的生产经营工作，组织实施理事会决议；

（二）组织实施年度生产经营计划和投资方案；

（三）拟订经营管理制度；

（四）提请聘任或者解聘财务会计人员和其他经营管理人员；

（五）聘任或者解聘除应由理事会聘任或者解聘之外的经营管理人员和其他工作人员；

（九）履行成员大会授予的其他职权【注：如不作具体规定此项可删除】。

**第二十五条** 理事会会议的表决，实行一人一票。重大事项集体讨论，并经三分之二以上理事同意方可形成决定。理事个人对某项决议有不同意见时，其意见记入会议记录并签名。理事会会议邀请执行监事或者监事长、经理和____名成员代表列席，列席者无表决权。

【注：农民专业合作社可以根据自身发展的实际情况决定是否设立理事会。如不设立理事会，第二十四条第一款、第二十五条中的相关内容可删除。】

**第二十六条** 本社设执行监事一名，代表全体成员监督检查理事会和工作人员的工作。执行监事列席理事会会议。

**第二十七条** 本社设监事会，由____名监事组成，设监事长一人，监事长和监事会成员任期____年，可连选连任。监事长列席理事会会议。

监事会【注：或者执行监事】行使下列职权：

（一）监督理事会对成员大会决议和本社章程的执行情况；

（二）监督检查本社的生产经营业务情况，负责本社财务审核监察工作；

（三）监督理事长或者理事会成员和经理履行职责情况；

（四）向成员大会提出年度监察报告；

（五）向理事长或者理事会提出工作质询和改进工作的建议；

（六）提议召开临时成员大会；

（一）主持成员大会，召集并主持理事会会议；

（二）签署本社成员出资证明；

（三）签署聘任或者解聘本社经理、财务会计人员和其他专业技术人员聘书；

（四）组织实施成员大会和理事会决议，检查决议实施情况；

（五）代表本社签订合同等。

（六）履行成员大会授予的其他职权【注：如不作具体规定此项可删除】。

**第二十四条** 本社设理事会，对成员大会负责，由＿＿名成员组成，设副理事长＿＿人。理事会成员任期＿＿年，可连选连任。

理事会【注：或者理事长】行使下列职权：

（一）组织召开成员大会并报告工作，执行成员大会决议；

（二）制订本社发展规划、年度业务经营计划、内部管理规章制度等，提交成员大会审议；

（三）制定年度财务预决算、盈余分配和亏损弥补等方案，提交成员大会审议；

（四）组织开展成员培训和各种协作活动；

（五）管理本社的资产和财务，保障本社的财产安全；

（六）接受、答复、处理执行监事或者监事会提出的有关质询和建议；

（七）决定成员入社、退社、继承、除名、奖励、处分等事项【注：如不设立理事会此项可删除】；

（八）决定聘任或者解聘本社经理、财务会计人员和其他专者理事会】负责召集,并提前十五日向全体成员通报会议内容。

第二十一条 有下列情形之一的,本社在二十日内召开临时成员大会:

(一)百分之三十以上的成员提议;

(二)执行监事或者监事会提议;【注:如不设立执行监事或监事会,此项可删除】

(三)理事会提议;

(四)成员共同议决的其他情形【注:如不作具体规定此项可删除】。

理事长【注:或者理事会】不能履行或者在规定期限内没有正当理由不履行职责召集临时成员大会的,执行监事或者监事会在 日内召集并主持临时成员大会。【注:如不设立执行监事或监事会,此款可删除】

第二十二条 成员大会须有本社成员总数的三分之二以上出席方可召开。成员因故不能参加成员大会,可以书面委托其他成员代理。一名成员最多只能代理____名成员表决。

成员大会选举或者做出决议,须经本社成员表决权总数过半数通过;对修改本社章程,改变成员出资标准,增加或者减少成员出资,合并、分立、解散、清算和对外联合等重大事项做出决议的,须经成员表决权总数三分之二以上的票数通过。成员代表大会的代表以其受成员书面委托的意见及表决权数,在成员代表大会上行使表决权。

第二十三条 本社设理事长一名,为本社的法定代表人。理事长任期____年,可连选连任。

理事长行使下列职权:

（三）决定成员入社、退社、继承、除名、奖励、处分等事项【注：如设立理事会此项可删除】；

（四）决定成员出资标准及增加或者减少出资；

（五）审议本社的发展规划和年度业务经营计划；

（六）审议批准年度财务预算和决算方案；

（七）审议批准年度盈余分配方案和亏损处理方案；

（八）审议批准理事会、执行监事或者监事会提交的年度业务报告；

（九）决定重大财产处置、对外投资、对外担保和生产经营活动中的其他重大事项；

（十）对合并、分立、解散、清算和对外联合等作出决议；

（十一）决定聘用经营管理人员和专业技术人员的数量、资格、报酬和任期；

（十二）听取理事长或者理事会关于成员变动情况的报告；

（十三）决定其他重大事项【注：如不作具体规定此项可删除】。

第十九条　本社成员超过一百五十人时，每　名成员选举产生一名成员代表，组成成员代表大会。成员代表大会履行成员大会的＿＿＿＿、＿＿＿＿等【注：部分或者全部】职权。成员代表任期＿＿＿年，可以连选连任。

【注：成员总数达到一百五十人的农民专业合作社可以根据自身发展的实际情况决定是否设立成员代表大会。如不设立，此条可删除】

第二十条　本社每年召开　次成员大会【注：至少于会计年度末召开一次成员大会。】成员大会由＿＿＿＿【注：理事长或份额。如本社经营盈余，按照本章程规定返还其相应的盈余所得；如经营亏损，扣除其应分摊的亏损金额。

成员在其资格终止前与本社已订立的业务合同应当继续履行【注：也可以依照退社时与本社的约定确定】。

第十六条　成员死亡的，其法定继承人符合法律及本章程规定的条件的，在____个月内提出入社申请，经成员大会【注：或者理事会】讨论通过后办理入社手续，并承继被继承人与本社的债权债务。否则，按照第十五条的规定办理退社手续。

第十七条　成员有下列情形之一的，经成员大会【注：或者理事会】讨论通过予以除名：

（一）不履行成员义务，经教育无效的；

（二）给本社名誉或者利益带来严重损害的；

（三）成员共同议决的其他情形【注：如不作具体规定此项可删除】。

本社对被除名成员，退还记载在该成员账户内的出资额和公积金份额，结清其应承担的债务，返还其相应的盈余所得。因前款第二项被除名的，须对本社作出相应赔偿。

## 第三章　组织机构

第十八条　成员大会是本社的最高权力机构，由全体成员组成。

成员大会行使下列职权：

（一）审议、修改本社章程和各项规章制度；

（二）选举和罢免理事长、理事、执行监事或者监事会成员；

（三）积极参加本社各项业务活动，接受本社提供的技术指导，按照本社规定的质量标准和生产技术规程从事生产，履行与本社签订的业务合同，发扬互助协作精神，谋求共同发展；

（四）维护本社利益，爱护生产经营设施，保护本社成员共有财产；

（五）不从事损害本社成员共同利益的活动；

（六）不得以其对本社或者本社其他成员所拥有的债权，抵销已认购或已认购但尚未缴清的出资额；不得以已缴纳的出资额，抵销其对本社或者本社其他成员的债务；

（七）承担本社的亏损；

（八）成员共同议决的其他义务。【注：如不作具体规定此项可删除】

**第十四条** 成员有下列情形之一的，终止其成员资格：

（一）主动要求退社的；

（二）丧失民事行为能力的；

（三）死亡的；

（四）团体成员所属企业或组织破产、解散的；

（五）被本社除名的。

**第十五条** 成员要求退社的，须在会计年度终了的三个月前向理事会提出书面声明，方可办理退社手续；其中，团体成员退社的，须在会计年度终了的六个月前提出。退社成员的成员资格于该会计年度结束时终止。资格终止的成员须分摊资格终止前本社的亏损及债务。

成员资格终止的，在该会计年度决算后\_\_\_\_个月内【注：不应超过三个月】，退还记载在该成员账户内的出资额和公积金

第十一条　本社成员的权利：

（一）参加成员大会，并享有表决权、选举权和被选举权；

（二）利用本社提供的服务和生产经营设施；

（三）按照本章程规定或者成员大会决议分享本社盈余；

（四）查阅本社章程、成员名册、成员大会记录、理事会会议决议、监事会会议决议、财务会计报告和会计账簿；

（五）对本社的工作提出质询、批评和建议；

（六）提议召开临时成员大会；

（七）自由提出退社声明，依照本章程规定退出本社；

（八）成员共同议决的其他权利。【注：如不作具体规定此项可删除】

第十二条　本社成员大会选举和表决，实行一人一票制，成员各享有一票基本表决权。

出资额占本社成员出资总额百分之____以上或者与本社业务交易量（额）占本社总交易量（额）百分之____以上的成员，在本社_____等事项【注：如，重大财产处置、投资兴办经济实体、对外担保和生产经营活动中的其他事项】决策方面，最多享有 票的附加表决权【注：附加表决权总票数，依法不得超过本社成员基本表决权总票数的百分之二十】。享有附加表决权的成员及其享有的附加表决权数，在每次成员大会召开时告知出席会议的成员。

第十三条　本社成员的义务：

（一）遵守本社章程和各项规章制度，执行成员大会和理事会的决议；

（二）按照章程规定向本社出资；

**第七条** 经成员大会讨论通过，本社投资兴办与本社业务内容相关的经济实体；接受与本社业务有关的单位委托，办理代购代销等中介服务；向政府有关部门申请或者接受政府有关部门委托，组织实施国家支持发展农业和农村经济的建设项目；按决定的数额和方式参加社会公益捐赠。【注：上述业务农民专业合作社可选择进行。】

**第八条** 本社及全体成员遵守社会公德和商业道德，依法开展生产经营活动。

## 第二章　成　员

**第九条** 具有民事行为能力的公民，从事【注：业务范围内的主业农副产品名称】生产经营，能够利用并接受本社提供的服务，承认并遵守本章程，履行本章程规定的入社手续的，可申请成为本社成员。本社吸收从事与本社业务直接有关的生产经营活动的企业、事业单位或者社会团体为团体成员【注：农民专业合作社可以根据自身发展的实际情况决定是否吸收团体成员】。具有管理公共事务职能的单位不得加入本社。本社成员中，农民成员至少占成员总数的百分之八十。

【注：农民专业合作社章程还可以规定入社成员的其他条件，如：具有一定的生产经营规模或经营服务能力等。具体可表述为：养殖规模达到_____以上或者种植规模达到_____以上，……等。】

**第十条** 凡符合前条规定，向本社理事会【注：或者理事长】提交书面入社申请，经成员大会【注：或者理事会】审核并讨论通过者，即成为本社成员。

主经营，自负盈亏，利益共享，风险共担，盈余主要按照成员与本社的交易量（额）比例返还。

第四条　本社以成员为主要服务对象，依法为成员提供农业生产资料的购买，农产品的销售、加工、运输、贮藏以及与农业生产经营有关的技术、信息等服务。主要业务范围如下：【注：根据实际情况填写。如：

（一）组织采购、供应成员所需的生产资料；

（二）组织收购、销售成员生产的产品；

（三）开展成员所需的运输、贮藏、加工、包装等服务；

（四）引进新技术、新品种，开展技术培训、技术交流和咨询服务；……等。

上述内容应与工商行政管理部门颁发的《农民专业合作社法人营业执照》中规定的主要业务内容相符。】

第五条　本社对由成员出资、公积金、国家财政直接补助、他人捐赠以及合法取得的其他资产所形成的财产，享有占有、使用和处分的权利，并以上述财产对债务承担责任。

第六条　本社每年提取的公积金，按照成员与本社业务交易量（额）【注：或者出资额，也可以二者相结合】依比例量化为每个成员所有的份额。由国家财政直接补助和他人捐赠形成的财产平均量化为每个成员的份额，作为可分配盈余分配的依据之一。

本社为每个成员设立个人账户，主要记载该成员的出资额、量化为该成员的公积金份额以及该成员与本社的业务交易量（额）。

本社成员以其个人账户内记载的出资额和公积金份额为限对本社承担责任。

# 农民专业合作社示范章程

中华人民共和国农业部令

第 4 号

《农民专业合作社示范章程》已经 2007 年 6 月 29 日农业部第 9 次常务会议审议通过，现予公布，自 2007 年 7 月 1 日起施行。2006 年 1 月 23 日《农业部关于印发〈农民专业合作经济组织示范章程〉（试行）的通知》（农经发〔2006〕1 号）同时废止。

二〇〇七年六月二十九日

## 第一章　总　则

**第一条**　为保护成员的合法权益，增加成员收入，促进本社发展，依照《中华人民共和国农民专业合作社法》和有关法律、法规、政策，制定本章程。

**第二条**　本社由_____【注：全部发起人姓名或名称】等人发起，于_____年___月___日召开设立大会。

本社名称：_____合作社，成员出资总额_____元。

本社法定代表人：_____【注：理事长姓名】。

本社住所：_____，邮政编码：_____。

**第三条**　本社以服务成员、谋求全体成员的共同利益为宗旨。成员入社自愿，退社自由，地位平等，民主管理，实行自

第六十四条  清算组成员应当忠于职守，依法履行清算义务，因故意或者重大过失给农村资金互助社社员及债权人造成损失的，应当承担赔偿责任。

第六十五条  农村资金互助社因解散、被撤销而终止的，应当向发证机关缴回金融许可证，及时到工商行政管理部门办理注销登记，并予以公告。

## 第八章  附  则

第六十六条  本规定所称农村地区，是指中西部、东北和海南省的县（市）及县（市）以下地区，以及其他省（自治区、直辖市）的国定贫困县和省定贫困县及县以下地区。

第六十七条  本规定由中国银行业监督管理委员会负责解释。

第六十八条  本规定自发布之日起施行。

之日起 10 日内通知债权人。合并各方的债权、债务应当由合并后存续或者新设的机构承继。

第五十九条　农村资金互助社分立，其财产作相应的分割，并应当自分立决议做出之日起 10 日内通知债权人。分立前的债务由分立后的机构承担连带责任，但在分立前与债权人就债务清偿达成书面协议另有约定的除外。

第六十条　农村资金互助社因以下原因解散：

（一）章程规定的解散事由出现；

（二）社员大会决议解散；

（三）因合并或者分立需要解散；

（四）依法被吊销营业执照或者被撤销。

因前款第一项、第二项、第四项原因解散的，应当在解散事由出现之日起 15 日内由社员大会推举成员组成清算组，开始解散清算。逾期不能组成清算组的，社员、债权人可以向人民法院申请指定社员组成清算组进行清算。

第六十一条　清算组自成立之日起接管农村资金互助社，负责处理与清算有关未了结业务，清理财产和债权、债务，分配清偿债务后的剩余财产，代表农村资金互助社参与诉讼、仲裁或者其他法律事宜。

第六十二条　农村资金互助社因本规定第六十条第一款的原因解散不能办理社员退股。

第六十三条　清算组负责制定包括清偿农村资金互助社员工的工资及社会保险费用，清偿所欠税款和其他各项债务，以及分配剩余财产在内的清算方案，经社员大会通过后实施。

督管理机构可适当降低对其现场检查频率；

（二）资本充足率低于8%大于2%的，银行业监督管理机构应禁止其向其他银行业金融机构融入资金，限制其发放贷款，并加大非现场监管及现场检查的力度；

（三）资本充足率低于2%的，银行业监督管理机构应责令其限期增扩股金、清收不良贷款、降低资产规模，限期内未达到规定的，要求其自行解散或予以撤销。

第五十五条　农村资金互助社违反本规定其他审慎性要求的，银行业监督管理机构应责令其限期整改，并采取相应监管措施。

第五十六条　农村资金互助社违反有关法律、法规，存在超业务范围经营、账外经营、设立分支机构、擅自变更法定变更事项等行为的，银行业监督管理机构应责令其改正，并按《中华人民共和国银行业监督管理法》和《金融违法行为处罚办法》等法律法规进行处罚；对理事、经理、工作人员的违法违规行为，可责令农村资金互助社给予处分，并视不同情形，对理事、经理给予取消一定期限直至终身任职资格的处分；构成犯罪的，移交司法机关，依法追究刑事责任。

第五十七条　本规定的处罚，由银行业监督管理机构按其监管权限决定并组织实施。当事人对处罚决定不服的，可以向作出处罚决定的银行业监督管理机构的上一级机构提请行政复议；对行政复议决定不服的，可向人民法院申请行政诉讼。

## 第七章　合并、分立、解散和清算

第五十八条　农村资金互助社合并，应当自合并决议做出

**第四十九条** 农村资金互助社应按照财务会计制度规定提取呆账准备金，进行利润分配，在分配中应体现多积累和可持续的原则。

农村资金互助社当年如有未分配利润（亏损）应全额计入社员积累，按照股金份额量化至每个社员。

**第五十条** 农村资金互助社监事会负责对本社进行内部审计，并对理事长、经理进行专项审计、离任审计，审计结果应当向社员大会（社员代表大会）报告。

社员大会（社员代表大会）也可以聘请中介机构对本社进行审计。

**第五十一条** 农村资金互助社应按照规定向社员披露社员股金和积累情况、财务会计报告、贷款及经营风险情况、投融资情况、盈利及其分配情况、案件和其他重大事项。

**第五十二条** 农村资金互助社应按规定向属地银行业监督管理机构报送业务和财务报表、报告及相关资料，并对所报报表、报告和相关资料的真实性、准确性、完整性负责。

## 第六章 监督管理

**第五十三条** 银行业监督管理机构按照审慎监管要求对农村资金互助社进行持续、动态监管。

**第五十四条** 银行业监督管理机构根据农村资金互助社的资本充足和资产风险状况，采取差别监管措施。

（一）资本充足率大于8%、不良资产率在5%以下的，可向其他银行业金融机构融入资金，属地银行业监督管理部门有权依据其运营状况和信用程度提出相应的限制性措施。银行业监其他银行业金融机构融入资金，应事先征求理事会、监事会意见。

第四十三条　农村资金互助社可以办理结算业务，并按有关规定开办各类代理业务。

第四十四条　农村资金互助社开办其他业务应经属地银行业监督管理机构及其他有关部门批准。

第四十五条　农村资金互助社不得向非社员吸收存款、发放贷款及办理其他金融业务，不得以该社资产为其他单位或个人提供担保。

第四十六条　农村资金互助社根据其业务经营需要，考虑安全因素，应按存款和股金总额一定比例合理核定库存现金限额。

第四十七条　农村资金互助社应审慎经营，严格进行风险管理：

（一）资本充足率不得低于8%；

（二）对单一社员的贷款总额不得超过资本净额的15%；

（三）对单一农村小企业社员及其关联企业社员、单一农民社员及其在同一户口薄上的其他社员贷款总额不得超过资本净额的20%；

（四）对前十大户贷款总额不得超过资本净额的50%；

（五）资产损失准备充足率不得低于100%；

（六）银行业监督管理机构规定的其他审慎要求。

第四十八条　农村资金互助社执行国家有关金融企业的财务制度和会计准则，设置会计科目和法定会计账册，进行会计核算。

会（社员代表大会）授权，对农村资金互助社的经营活动进行监督。监事会的职责及议事规则由章程规定。

农村资金互助社经理和工作人员不得兼任监事。

**第三十九条** 农村资金互助社的理事、监事、经理和工作人员不得有以下行为：

（一）侵占、挪用或者私分本社资产；

（二）将本社资金借贷给非社员或者以本社资产为他人提供担保；

（三）从事损害本社利益的其他活动。

违反上述规定所得的收入，应当归该社所有；造成损失的，应当承担赔偿责任。

**第四十条** 执行与农村资金互助社业务有关公务的人员不得担任农村资金互助社的理事长、经理和工作人员。

## 第五章 经营管理

**第四十一条** 农村资金互助社以吸收社员存款、接受社会捐赠资金和向其他银行业金融机构融入资金作为资金来源。

农村资金互助社接受社会捐赠资金，应由属地银行业监督管理机构对捐赠人身份和资金来源合法性进行审核；向其他银行业金融机构融入资金应符合本规定要求的审慎条件。

**第四十二条** 农村资金互助社的资金应主要用于发放社员贷款，满足社员贷款需求后确有富余的可存放其他银行业金融机构，也可购买国债和金融债券。

农村资金互助社发放大额贷款、购买国债或金融债券、向

第三十三条　农村资金互助社社员大会（社员代表大会）由理事会召集，不设理事会的由经理召集，应于会议召开 15 日前将会议时间、地点及审议事项通知全体社员（社员代表）。章程另有规定的除外。

第三十四条　农村资金互助社召开社员大会（社员代表大会）、理事会应提前 5 个工作日通知属地银行业监督管理机构，银行业监督管理机构有权参加。

社员大会（社员代表大会）、理事会决议应在会后 10 日内报送银行业监督管理机构备案。

第三十五条　农村资金互助社原则上不设理事会，设立理事会的，理事不少于 3 人，设理事长 1 人，理事长为法定代表人。理事会的职责及议事规则由章程规定。

第三十六条　农村资金互助社设经理 1 名（可由理事长兼任），未设理事会的，经理为法定代表人。经理按照章程规定和社员大会（社员代表大会）的授权，负责该社的经营管理。

经理事会、监事会同意，经理可以聘任（解聘）财务、信贷等工作人员。

第三十七条　农村资金互助社理事、经理任职资格需经属地银行业监督管理机构核准。农村资金互助社理事长、经理应具备高中或中专及以上学历，上岗前应通过相应的从业资格考试。

第三十八条　农村资金互助社应设立由社员、捐赠人以及向其提供融资的金融机构等利益相关者组成的监事会，其成员一般不少于 3 人，设监事长 1 人。监事会按照章程规定和社员大社员大会（社员代表大会）行使以下职权：

（一）制定或修改章程；

（二）选举、更换理事、监事以及不设理事会的经理；

（三）审议通过基本管理制度；

（四）审议批准年度工作报告；

（五）审议决定固定资产购置以及其他重要经营活动；

（六）审议批准年度财务预、决算方案和利润分配方案、弥补亏损方案；

（七）审议决定管理和工作人员薪酬；

（八）对合并、分立、解散和清算等做出决议；

（九）章程规定的其他职权。

**第三十一条** 农村资金互助社召开社员大会（社员代表大会），出席人数应当达到社员（社员代表）总数三分之二以上。

社员大会（社员代表大会）选举或者做出决议，应当由该社社员（社员代表）表决权总数过半数通过；做出修改章程或者合并、分立、解散和清算的决议应当由该社社员表决权总数的三分之二以上通过。章程对表决权数有较高规定的，从其规定。

**第三十二条** 农村资金互助社社员大会（社员代表大会）每年至少召开一次，有以下情形之一的，应当在20日内召开临时社员大会（社员代表大会）：

（一）三分之一以上的社员提议；

（二）理事会、监事会、经理提议；

（三）章程规定的其他情形。

**第二十五条** 农村资金互助社社员不得以所持本社股金为自己或他人担保。

**第二十六条** 农村资金互助社社员的股金和积累可以转让、继承和赠与，但理事、监事和经理持有的股金和积累在任职期限内不得转让。

**第二十七条** 同时满足以下条件，社员可以办理退股。

（一）社员提出全额退股申请；

（二）农村资金互助社当年盈利；

（三）退股后农村资金互助社资本充足率不低于8%；

（四）在本社没有逾期未偿还的贷款本息。

要求退股的，农民社员应提前3个月，农村小企业社员应提前6个月向理事会或经理提出，经批准后办理退股手续。退股社员的社员资格在完成退股手续后终止。

**第二十八条** 社员在其资格终止前与农村资金互助社已订立的合同，应当继续履行；章程另有规定或者与该社另有约定的除外。

**第二十九条** 社员资格终止的，农村资金互助社应当按照章程规定的方式、期限和程序，及时退还该社员的股金和积累份额。社员资格终止的当年不享受盈余分配。

## 第四章　组织机构

**第三十条** 农村资金互助社社员大会由全体社员组成，是该社的权力机构。社员超过100人的，可以由全体社员选举产生不少于31名的社员代表组成社员代表大会，社员代表大会按照章程规定行使社员大会职权。

按照章程规定参加该社的民主管理；

（二）享受该社提供的各项服务；

（三）按照章程规定或者社员大会（社员代表大会）决议分享盈余；

（四）查阅该社的章程和社员大会（社员代表大会）、理事会、监事会的决议、财务会计报表及报告；

（五）向有关监督管理机构投诉和举报；

（六）章程规定的其他权利。

**第二十三条** 农村资金互助社社员参加社员大会，享有一票基本表决权；出资额较大的社员按照章程规定，可以享有附加表决权。该社的附加表决权总票数，不得超过该社社员基本表决权总票数的20%。享有附加表决权的社员及其享有的附加表决权数，应当在每次社员大会召开时告知出席会议的社员。章程可以限制附加表决权行使的范围。

社员代表参加社员代表大会，享有一票表决权。

不能出席会议的社员（社员代表）可授权其他社员（社员代表）代为行使其表决权。授权应采取书面形式，并明确授权内容。

**第二十四条** 农村资金互助社社员承担下列义务：

（一）执行社员大会（社员代表大会）的决议；

（二）向该社入股；

（三）按期足额偿还贷款本息；

（四）按照章程规定承担亏损；

（五）积极向本社反映情况，提供信息；

（六）章程规定的其他义务。

3年）在入股农村资金互助社所在乡（镇）或行政村内；

（三）入股资金为自有资金且来源合法，达到章程规定的入股金额起点；

（四）诚实守信，声誉良好；

（五）银行业监督管理机构规定的其他条件。

**第十九条** 农村小企业向农村资金互助社入股应符合以下条件：

（一）注册地或主要营业场所在入股农村资金互助社所在乡（镇）或行政村内；

（二）具有良好的信用记录；

（三）上一年度盈利；

（四）年终分配后净资产达到全部资产的10%以上（合并会计报表口径）；

（五）入股资金为自有资金且来源合法，达到章程规定的入股金额起点；

（六）银行业监督管理机构规定的其他条件。

**第二十条** 单个农民或单个农村小企业向农村资金互助社入股，其持股比例不得超过农村资金互助社股金总额的10%，超过5%的应经银行业监督管理机构批准。

社员入股必须以货币出资，不得以实物、贷款或其他方式入股。

**第二十一条** 农村资金互助社应向入股社员颁发记名股金证，作为社员的入股凭证。

**第二十二条** 农村资金互助社的社员享有以下权利：

（一）参加社员大会，并享有表决权、选举权和被选举权，

（二）业务范围和经营宗旨；

（三）注册资本及股权设置；

（四）社员资格及入社、退社和除名；

（五）社员的权利和义务；

（六）组织机构及其产生办法、职权和议事规则；

（七）财务管理和盈余分配、亏损处理；

（八）解散事由和清算办法；

（九）需要规定的其他事项。

**第十四条** 农村资金互助社的筹建申请由银监分局受理并初步审查，银监局审查并决定；开业申请由银监分局受理、审查并决定。银监局所在城市的乡（镇）、行政村农村资金互助社的筹建、开业申请，由银监局受理、审查并决定。

**第十五条** 经批准设立的农村资金互助社，由银行业监督管理机构颁发金融许可证，并按工商行政管理部门规定办理注册登记，领取营业执照。

**第十六条** 农村资金互助社不得设立分支机构。

## 第三章 社员和股权管理

**第十七条** 农村资金互助社社员是指符合本规定要求的入股条件，承认并遵守章程，向农村资金互助社入股的农民及农村小企业。章程也可以限定其社员为某一农村经济组织的成员。

**第十八条** 农民向农村资金互助社入股应符合以下条件：

（一）具有完全民事行为能力；

（二）户口所在地或经常居住地（本地有固定住所且居住满

（四）有符合任职资格的理事、经理和具备从业条件的工作人员；

（五）有符合要求的营业场所，安全防范设施和与业务有关的其他设施；

（六）有符合规定的组织机构和管理制度；

（七）银行业监督管理机构规定的其他条件。

**第十条** 设立农村资金互助社，应当经过筹建与开业两个阶段。

**第十一条** 农村资金互助社申请筹建，应向银行业监督管理机构提交以下文件、资料：

（一）筹建申请书；

（二）筹建方案；

（三）发起人协议书；

（四）银行业监督管理机构要求的其他文件、资料。

**第十二条** 农村资金互助社申请开业，应向银行业监督管理机构提交以下文件、资料：

（一）开业申请；

（二）验资报告；

（三）章程（草案）；

（四）主要管理制度；

（五）拟任理事、经理的任职资格申请材料及资格证明；

（六）营业场所、安全防范设施等相关资料；

（七）银行业监督管理机构规定的其他文件、资料。

**第十三条** 农村资金互助社章程应当载明以下事项：

（一）名称和住所；

融机构。

**第三条** 农村资金互助社实行社员民主管理,以服务社员为宗旨,谋求社员共同利益。

**第四条** 农村资金互助社是独立的企业法人,对由社员股金、积累及合法取得的其他资产所形成的法人财产,享有占有、使用、收益和处分的权利,并以上述财产对债务承担责任。

**第五条** 农村资金互助社的合法权益和依法开展经营活动受法律保护,任何单位和个人不得侵犯。

**第六条** 农村资金互助社社员以其社员股金和在本社的社员积累为限对该社承担责任。

**第七条** 农村资金互助社从事经营活动,应遵守有关法律法规和国家金融方针政策,诚实守信,审慎经营,依法接受银行业监督管理机构的监管。

## 第二章 机构设立

**第八条** 农村资金互助社应在农村地区的乡(镇)和行政村以发起方式设立。其名称由所在地行政区划、字号、行业和组织形式依次组成。

**第九条** 设立农村资金互助社应符合以下条件:

(一)有符合本规定要求的章程;

(二)有10名以上符合本规定社员条件要求的发起人;

(三)有符合本规定要求的注册资本。在乡(镇)设立的,注册资本不低于30万元人民币,在行政村设立的,注册资本不低于10万元人民币,注册资本应为实缴资本;

# 农村资金互助社管理暂行规定

中国银行业监督管理委员会
关于印发《农村资金互助社管理暂行规定》的通知
银监发〔2007〕7号

各银监局：

为做好调整放宽农村地区银行业金融机构准入政策的试点工作，银监会制定了《农村资金互助社管理暂行规定》。现印发给你们，请遵照执行。

请各银监局速将本通知转发至辖内各银监分局。组建过程中遇到的问题，要及时向银监会报告。

二〇〇七年一月二十二日

## 第一章 总 则

**第一条** 为加强农村资金互助社的监督管理，规范其组织和行为，保障农村资金互助社依法、稳健经营，改善农村金融服务，根据《中华人民共和国银行业监督管理法》等有关法律、行政法规和规章，制定本规定。

**第二条** 农村资金互助社是指经银行业监督管理机构批准，由乡（镇）、行政村农民和农村小企业自愿入股组成，为社员提供存款、贷款、结算等业务的社区互助性银行业金

（一）登记事项发生变更，未申请变更登记的；

（二）因成员发生变更，使农民成员低于法定比例满6个月的；

（三）从事业务范围以外的经营活动的；

（四）变造、出租、出借、转让营业执照的。

**第二十八条** 农民专业合作社有下列行为之一的，由登记机关责令改正：

（一）未依法将修改后的成员名册报送登记机关备案的；

（二）未依法将修改后的章程或者章程修正案报送登记机关备案的。

**第二十九条** 登记机关对不符合规定条件的农民专业合作社登记申请予以登记，或者对符合规定条件的登记申请不予登记的，对直接负责的主管人员和其他直接责任人员，依法给予处分。

## 第六章　附　则

**第三十条** 农民专业合作社可以设立分支机构，并比照本条例有关农民专业合作社登记的规定，向分支机构所在地登记机关申请办理登记。农民专业合作社分支机构不具有法人资格。

农民专业合作社分支机构有违法行为的，适用本条例的规定进行处罚。

**第三十一条** 登记机关办理农民专业合作社登记不得收费。

**第三十二条** 建立农民专业合作社年度报告制度。农民专业合作社年度报告办法由国务院工商行政管理部门制定。

**第三十三条** 本条例施行前设立的农民专业合作社，应当自本条例施行之日起1年内依法办理登记。

**第三十四条** 本条例自2007年7月1日起施行。

**第二十四条** 变更登记事项涉及营业执照变更的，登记机关应当换发营业执照。

**第二十五条** 成立清算组的农民专业合作社应当自清算结束之日起 30 日内，由清算组全体成员指定的代表或者委托的代理人向原登记机关申请注销登记，并提交下列文件：

（一）清算组负责人签署的注销登记申请书；

（二）农民专业合作社依法做出的解散决议，农民专业合作社依法被吊销营业执照或者被撤销的文件，人民法院的破产裁定、解散裁判文书；

（三）成员大会、成员代表大会或者人民法院确认的清算报告；

（四）营业执照；

（五）清算组全体成员指定代表或者委托代理人的证明。

因合并、分立而解散的农民专业合作社，应当自做出解散决议之日起 30 日内，向原登记机关申请注销登记，并提交法定代表人签署的注销登记申请书、成员大会或者成员代表大会做出的解散决议以及债务清偿或者债务担保情况的说明、营业执照和法定代表人指定代表或者委托代理人的证明。

经登记机关注销登记，农民专业合作社终止。

## 第五章　法律责任

**第二十六条** 提交虚假材料或者采取其他欺诈手段取得农民专业合作社登记的，由登记机关责令改正；情节严重的，撤销农民专业合作社登记。

**第二十七条** 农民专业合作社有下列行为之一的，由登记机关责令改正；情节严重的，吊销营业执照：

业务范围、法定代表人姓名发生变更的，应当自做出变更决定之日起 30 日内向原登记机关申请变更登记，并提交下列文件：

（一）法定代表人签署的变更登记申请书；

（二）成员大会或者成员代表大会做出的变更决议；

（三）法定代表人签署的修改后的章程或者章程修正案；

（四）法定代表人指定代表或者委托代理人的证明。

第二十一条　农民专业合作社变更业务范围涉及法律、行政法规或者国务院规定须经批准的项目的，应当自批准之日起 30 日内申请变更登记，并提交有关批准文件。

农民专业合作社的业务范围属于法律、行政法规或者国务院规定在登记前须经批准的项目有下列情形之一的，应当自事由发生之日起 30 日内申请变更登记或者依照本条例的规定办理注销登记：

（一）许可证或者其他批准文件被吊销、撤销的；

（二）许可证或者其他批准文件有效期届满的。

第二十二条　农民专业合作社成员发生变更的，应当自本财务年度终了之日起 30 日内，将法定代表人签署的修改后的成员名册报送登记机关备案。其中，新成员入社的还应当提交新成员的身份证明。

农民专业合作社因成员发生变更，使农民成员低于法定比例的，应当自事由发生之日起 6 个月内采取吸收新的农民成员入社等方式使农民成员达到法定比例。

第二十三条　农民专业合作社修改章程未涉及登记事项的，应当自做出修改决定之日起 30 日内，将法定代表人签署的修改后的章程或者章程修正案报送登记机关备案。

农民专业合作社的成员不属于农民的，成员身份证明为居民身份证。

农民专业合作社的成员为企业、事业单位或者社会团体的，成员身份证明为企业法人营业执照或者其他登记证书。

第十六条 申请人提交的登记申请材料齐全、符合法定形式，登记机关能够当场登记的，应予当场登记，发给营业执照。

除前款规定情形外，登记机关应当自受理申请之日起20日内，做出是否登记的决定。予以登记的，发给营业执照；不予登记的，应当给予书面答复，并说明理由。

营业执照签发日期为农民专业合作社成立日期。

第十七条 营业执照分为正本和副本，正本和副本具有同等法律效力。

营业执照正本应当置于农民专业合作社住所的醒目位置。

国家推行电子营业执照。电子营业执照与纸质营业执照具有同等法律效力。

第十八条 营业执照遗失或者毁坏的，农民专业合作社应当申请补领。

任何单位和个人不得伪造、变造、出租、出借、转让营业执照。

第十九条 农民专业合作社的登记文书格式，营业执照的正本、副本样式以及电子营业执照标准，由国务院工商行政管理部门制定。

## 第四章 变更登记和注销登记

第二十条 农民专业合作社的名称、住所、成员出资总额、

（六）载明成员的姓名或者名称、公民身份号码或者登记证书号码和住所的成员名册，以及成员身份证明；

（七）能够证明农民专业合作社对其住所享有使用权的住所使用证明；

（八）全体设立人指定代表或者委托代理人的证明。

农民专业合作社的业务范围有属于法律、行政法规或者国务院规定在登记前须经批准的项目的，应当提交有关批准文件。

**第十二条** 农民专业合作社章程含有违反《中华人民共和国农民专业合作社法》以及有关法律、行政法规规定的内容的，登记机关应当要求农民专业合作社做相应修改。

**第十三条** 具有民事行为能力的公民，以及从事与农民专业合作社业务直接有关的生产经营活动的企业、事业单位或者社会团体，能够利用农民专业合作社提供的服务，承认并遵守农民专业合作社章程，履行章程规定的入社手续的，可以成为农民专业合作社的成员。但是，具有管理公共事务职能的单位不得加入农民专业合作社。

**第十四条** 农民专业合作社应当有5名以上的成员，其中农民至少应当占成员总数的80%。

成员总数20人以下的，可以有1个企业、事业单位或者社会团体成员；成员总数超过20人的，企业、事业单位和社会团体成员不得超过成员总数的5%。

**第十五条** 农民专业合作社的成员为农民的，成员身份证明为农业人口户口簿；无农业人口户口簿的，成员身份证明为居民身份证和土地承包经营权证或者村民委员会（居民委员会）出具的身份证明。

字样，并符合国家有关企业名称登记管理的规定。

**第七条** 农民专业合作社的住所是其主要办事机构所在地。

**第八条** 农民专业合作社成员可以用货币出资，也可以用实物、知识产权等能够用货币估价并可以依法转让的非货币财产作价出资。成员以非货币财产出资的，由全体成员评估作价。成员不得以劳务、信用、自然人姓名、商誉、特许经营权或者设定担保的财产等作价出资。

成员的出资额以及出资总额应当以人民币表示。成员出资额之和为成员出资总额。

**第九条** 农民专业合作社以其成员为主要服务对象，业务范围可以有农业生产资料购买，农产品销售、加工、运输、贮藏以及与农业生产经营有关的技术、信息等服务。

农民专业合作社的业务范围由其章程规定。

**第十条** 农民专业合作社理事长为农民专业合作社的法定代表人。

## 第三章　设立登记

**第十一条** 申请设立农民专业合作社，应当由全体设立人指定的代表或者委托的代理人向登记机关提交下列文件：

（一）设立登记申请书；

（二）全体设立人签名、盖章的设立大会纪要；

（三）全体设立人签名、盖章的章程；

（四）法定代表人、理事的任职文件和身份证明；

（五）载明成员的姓名或者名称、出资方式、出资额以及成员出资总额，并经全体出资成员签名、盖章予以确认的出资清单；

法》，制定本条例。

**第二条** 农民专业合作社的设立、变更和注销，应当依照《中华人民共和国农民专业合作社法》和本条例的规定办理登记。

申请办理农民专业合作社登记，申请人应当对申请材料的真实性负责。

**第三条** 农民专业合作社经登记机关依法登记，领取农民专业合作社法人营业执照（以下简称营业执照），取得法人资格。未经依法登记，不得以农民专业合作社名义从事经营活动。

**第四条** 工商行政管理部门是农民专业合作社登记机关。国务院工商行政管理部门负责全国的农民专业合作社登记管理工作。

农民专业合作社由所在地的县（市）、区工商行政管理部门登记。

国务院工商行政管理部门可以对规模较大或者跨地区的农民专业合作社的登记管辖做出特别规定。

## 第二章 登记事项

**第五条** 农民专业合作社的登记事项包括：

（一）名称；

（二）住所；

（三）成员出资总额；

（四）业务范围；

（五）法定代表人姓名。

**第六条** 农民专业合作社的名称应当含有"专业合作社"

# 附　录

## 农民专业合作社登记管理条例

中华人民共和国国务院令

第 648 号

现公布《国务院关于废止和修改部分行政法规的决定》，自 2014 年 3 月 1 日起施行。

总理　李克强

2014 年 2 月 19 日

(2007 年 5 月 28 日中华人民共和国国务院令第 498 号公布；根据 2014 年 2 月 19 日中华人民共和国国务院令第 648 号《国务院关于废止和修改部分行政法规的决定》修订)

### 第一章　总　则

**第一条**　为了确认农民专业合作社的法人资格，规范农民专业合作社登记行为，依据《中华人民共和国农民专业合作社情节严重的,撤销登记。

**第五十五条** 农民专业合作社在依法向有关主管部门提供的财务报告等材料中,作虚假记载或者隐瞒重要事实的,依法追究法律责任。

# 第九章 附 则

**第五十六条** 本法自 2007 年 7 月 1 日起施行。

第五十条　中央和地方财政应当分别安排资金，支持农民专业合作社开展信息、培训、农产品质量标准与认证、农业生产基础设施建设、市场营销和技术推广等服务。对民族地区、边远地区和贫困地区的农民专业合作社和生产国家与社会急需的重要农产品的农民专业合作社给予优先扶持。

第五十一条　国家政策性金融机构应当采取多种形式，为农民专业合作社提供多渠道的资金支持。具体支持政策由国务院规定。

国家鼓励商业性金融机构采取多种形式，为农民专业合作社提供金融服务。

第五十二条　农民专业合作社享受国家规定的对农业生产、加工、流通、服务和其他涉农经济活动相应的税收优惠。

支持农民专业合作社发展的其他税收优惠政策，由国务院规定。

# 第八章　法律责任

第五十三条　侵占、挪用、截留、私分或者以其他方式侵犯农民专业合作社及其成员的合法财产，非法干预农民专业合作社及其成员的生产经营活动，向农民专业合作社及其成员摊派，强迫农民专业合作社及其成员接受有偿服务，造成农民专业合作社经济损失的，依法追究法律责任。

第五十四条　农民专业合作社向登记机关提供虚假登记材料或者采取其他欺诈手段取得登记的，由登记机关责令改正；

材料。清算组应当对债权进行登记。

在申报债权期间，清算组不得对债权人进行清偿。

**第四十四条** 农民专业合作社因本法第四十一条第一款的原因解散，或者人民法院受理破产申请时，不能办理成员退社手续。

**第四十五条** 清算组负责制定包括清偿农民专业合作社员工的工资及社会保险费用，清偿所欠税款和其他各项债务，以及分配剩余财产在内的清算方案，经成员大会通过或者申请人民法院确认后实施。

清算组发现农民专业合作社的财产不足以清偿债务的，应当依法向人民法院申请破产。

**第四十六条** 农民专业合作社接受国家财政直接补助形成的财产，在解散、破产清算时，不得作为可分配剩余资产分配给成员，处置办法由国务院规定。

**第四十七条** 清算组成员应当忠于职守，依法履行清算义务，因故意或者重大过失给农民专业合作社成员及债权人造成损失的，应当承担赔偿责任。

**第四十八条** 农民专业合作社破产适用企业破产法的有关规定。但是，破产财产在清偿破产费用和共益债务后，应当优先清偿破产前与农民成员已发生交易但尚未结清的款项。

## 第七章　扶持政策

**第四十九条** 国家支持发展农业和农村经济的建设项目，可以委托和安排有条件的有关农民专业合作社实施。

后存续或者新设的组织承继。

第四十条　农民专业合作社分立，其财产作相应的分割，并应当自分立决议作出之日起十日内通知债权人。分立前的债务由分立后的组织承担连带责任。但是，在分立前与债权人就债务清偿达成的书面协议另有约定的除外。

第四十一条　农民专业合作社因下列原因解散：

（一）章程规定的解散事由出现；

（二）成员大会决议解散；

（三）因合并或者分立需要解散；

（四）依法被吊销营业执照或者被撤销。

因前款第一项、第二项、第四项原因解散的，应当在解散事由出现之日起十五日内由成员大会推举成员组成清算组，开始解散清算。逾期不能组成清算组的，成员、债权人可以向人民法院申请指定成员组成清算组进行清算，人民法院应当受理该申请，并及时指定成员组成清算组进行清算。

第四十二条　清算组自成立之日起接管农民专业合作社，负责处理与清算有关未了结业务，清理财产和债权、债务，分配清偿债务后的剩余财产，代表农民专业合作社参与诉讼、仲裁或者其他法律程序，并在清算结束时办理注销登记。

第四十三条　清算组应当自成立之日起十日内通知农民专业合作社成员和债权人，并于六十日内在报纸上公告。债权人应当自接到通知之日起三十日内，未接到通知的自公告之日起四十五日内，向清算组申报债权。如果在规定期间内全部成员、债权人均已收到通知，免除清算组的公告义务。

债权人申报债权，应当说明债权的有关事项，并提供证明

第三十六条　农民专业合作社应当为每个成员设立成员账户，主要记载下列内容：

（一）该成员的出资额；

（二）量化为该成员的公积金份额；

（三）该成员与本社的交易量（额）。

第三十七条　在弥补亏损、提取公积金后的当年盈余，为农民专业合作社的可分配盈余。

可分配盈余按照下列规定返还或者分配给成员，具体分配办法按照章程规定或者经成员大会决议确定：

（一）按成员与本社的交易量（额）比例返还，返还总额不得低于可分配盈余的百分之六十；

（二）按前项规定返还后的剩余部分，以成员账户中记载的出资额和公积金份额，以及本社接受国家财政直接补助和他人捐赠形成的财产平均量化到成员的份额，按比例分配给本社成员。

第三十八条　设立执行监事或者监事会的农民专业合作社，由执行监事或者监事会负责对本社的财务进行内部审计，审计结果应当向成员大会报告。

成员大会也可以委托审计机构对本社的财务进行审计。

# 第六章　合并、分立、解散和清算

第三十九条　农民专业合作社合并，应当自合并决议作出之日起十日内通知债权人。合并各方的债权、债务应当由合并

（四）从事损害本社经济利益的其他活动。

理事长、理事和管理人员违反前款规定所得的收入，应当归本社所有；给本社造成损失的，应当承担赔偿责任。

第三十条　农民专业合作社的理事长、理事、经理不得兼任业务性质相同的其他农民专业合作社的理事长、理事、监事、经理。

第三十一条　执行与农民专业合作社业务有关公务的人员，不得担任农民专业合作社的理事长、理事、监事、经理或者财务会计人员。

## 第五章　财务管理

第三十二条　国务院财政部门依照国家有关法律、行政法规，制定农民专业合作社财务会计制度。农民专业合作社应当按照国务院财政部门制定的财务会计制度进行会计核算。

第三十三条　农民专业合作社的理事长或者理事会应当按照章程规定，组织编制年度业务报告、盈余分配方案、亏损处理方案以及财务会计报告，于成员大会召开的十五日前，置备于办公地点，供成员查阅。

第三十四条　农民专业合作社与其成员的交易、与利用其提供的服务的非成员的交易，应当分别核算。

第三十五条　农民专业合作社可以按照章程规定或者成员大会决议从当年盈余中提取公积金。公积金用于弥补亏损、扩大生产经营或者转为成员出资。

每年提取的公积金按照章程规定量化为每个成员的份额。

以按照章程规定设立成员代表大会。成员代表大会按照章程规定可以行使成员大会的部分或者全部职权。

**第二十六条** 农民专业合作社设理事长一名，可以设理事会。理事长为本社的法定代表人。

农民专业合作社可以设执行监事或者监事会。理事长、理事、经理和财务会计人员不得兼任监事。

理事长、理事、执行监事或者监事会成员，由成员大会从本社成员中选举产生，依照本法和章程的规定行使职权，对成员大会负责。

理事会会议、监事会会议的表决，实行一人一票。

**第二十七条** 农民专业合作社的成员大会、理事会、监事会，应当将所议事项的决定作成会议记录，出席会议的成员、理事、监事应当在会议记录上签名。

**第二十八条** 农民专业合作社的理事长或者理事会可以按照成员大会的决定聘任经理和财务会计人员，理事长或者理事可以兼任经理。经理按照章程规定或者理事会的决定，可以聘任其他人员。

经理按照章程规定和理事长或者理事会授权，负责具体生产经营活动。

**第二十九条** 农民专业合作社的理事长、理事和管理人员不得有下列行为：

（一）侵占、挪用或者私分本社资产；

（二）违反章程规定或者未经成员大会同意，将本社资金借贷给他人或者以本社资产为他人提供担保；

（三）接受他人与本社交易的佣金归为己有；

是本社的权力机构，行使下列职权：

（一）修改章程；

（二）选举和罢免理事长、理事、执行监事或者监事会成员；

（三）决定重大财产处置、对外投资、对外担保和生产经营活动中的其他重大事项；

（四）批准年度业务报告、盈余分配方案、亏损处理方案；

（五）对合并、分立、解散、清算作出决议；

（六）决定聘用经营管理人员和专业技术人员的数量、资格和任期；

（七）听取理事长或者理事会关于成员变动情况的报告；

（八）章程规定的其他职权。

第二十三条　农民专业合作社召开成员大会，出席人数应当达到成员总数三分之二以上。

成员大会选举或者作出决议，应当由本社成员表决权总数过半数通过；作出修改章程或者合并、分立、解散的决议应当由本社成员表决权总数的三分之二以上通过。章程对表决权数有较高规定的，从其规定。

第二十四条　农民专业合作社成员大会每年至少召开一次，会议的召集由章程规定。有下列情形之一的，应当在二十日内召开临时成员大会：

（一）百分之三十以上的成员提议；

（二）执行监事或者监事会提议；

（三）章程规定的其他情形。

第二十五条　农民专业合作社成员超过一百五十人的，可出席会议的成员。

章程可以限制附加表决权行使的范围。

**第十八条** 农民专业合作社成员承担下列义务：

（一）执行成员大会、成员代表大会和理事会的决议；

（二）按照章程规定向本社出资；

（三）按照章程规定与本社进行交易；

（四）按照章程规定承担亏损；

（五）章程规定的其他义务。

**第十九条** 农民专业合作社成员要求退社的，应当在财务年度终了的三个月前向理事长或者理事会提出；其中，企业、事业单位或者社会团体成员退社，应当在财务年度终了的六个月前提出；章程另有规定的，从其规定。退社成员的成员资格自财务年度终了时终止。

**第二十条** 成员在其资格终止前与农民专业合作社已订立的合同，应当继续履行；章程另有规定或者与本社另有约定的除外。

**第二十一条** 成员资格终止的，农民专业合作社应当按照章程规定的方式和期限，退还记载在该成员账户内的出资额和公积金份额；对成员资格终止前的可分配盈余，依照本法第三十七条第二款的规定向其返还。

资格终止的成员应当按照章程规定分摊资格终止前本社的亏损及债务。

# 第四章　组织机构

**第二十二条** 农民专业合作社成员大会由全体成员组成，

社会团体，能够利用农民专业合作社提供的服务，承认并遵守农民专业合作社章程，履行章程规定的入社手续的，可以成为农民专业合作社的成员。但是，具有管理公共事务职能的单位不得加入农民专业合作社。

农民专业合作社应当置备成员名册，并报登记机关。

**第十五条** 农民专业合作社的成员中，农民至少应当占成员总数的百分之八十。

成员总数二十人以下的，可以有一个企业、事业单位或者社会团体成员；成员总数超过二十人的，企业、事业单位和社会团体成员不得超过成员总数的百分之五。

**第十六条** 农民专业合作社成员享有下列权利：

（一）参加成员大会，并享有表决权、选举权和被选举权，按照章程规定对本社实行民主管理；

（二）利用本社提供的服务和生产经营设施；

（三）按照章程规定或者成员大会决议分享盈余；

（四）查阅本社的章程、成员名册、成员大会或者成员代表大会记录、理事会会议决议、监事会会议决议、财务会计报告和会计账簿；

（五）章程规定的其他权利。

**第十七条** 农民专业合作社成员大会选举和表决，实行一人一票制，成员各享有一票的基本表决权。

出资额或者与本社交易量（额）较大的成员按照章程规定，可以享有附加表决权。本社的附加表决权总票数，不得超过本社成员基本表决权总票数的百分之二十。享有附加表决权的成员及其享有的附加表决权数，应当在每次成员大会召开时告知

（六）成员的出资方式、出资额；

（七）财务管理和盈余分配、亏损处理；

（八）章程修改程序；

（九）解散事由和清算办法；

（十）公告事项及发布方式；

（十一）需要规定的其他事项。

**第十三条** 设立农民专业合作社，应当向工商行政管理部门提交下列文件，申请设立登记：

（一）登记申请书；

（二）全体设立人签名、盖章的设立大会纪要；

（三）全体设立人签名、盖章的章程；

（四）法定代表人、理事的任职文件及身份证明；

（五）出资成员签名、盖章的出资清单；

（六）住所使用证明；

（七）法律、行政法规规定的其他文件。

登记机关应当自受理登记申请之日起二十日内办理完毕，向符合登记条件的申请者颁发营业执照。

农民专业合作社法定登记事项变更的，应当申请变更登记。

农民专业合作社登记办法由国务院规定。办理登记不得收取费用。

## 第三章　成　员

**第十四条** 具有民事行为能力的公民，以及从事与农民专业合作社业务直接有关的生产经营活动的企业、事业单位或者国家鼓励和支持社会各方面力量为农民专业合作社提供服务。

**第九条** 县级以上各级人民政府应当组织农业行政主管部门和其他有关部门及有关组织，依照本法规定，依据各自职责，对农民专业合作社的建设和发展给予指导、扶持和服务。

## 第二章　设立和登记

**第十条** 设立农民专业合作社，应当具备下列条件：

（一）有五名以上符合本法第十四条、第十五条规定的成员；

（二）有符合本法规定的章程；

（三）有符合本法规定的组织机构；

（四）有符合法律、行政法规规定的名称和章程确定的住所；

（五）有符合章程规定的成员出资。

**第十一条** 设立农民专业合作社应当召开由全体设立人参加的设立大会。设立时自愿成为该社成员的人为设立人。

设立大会行使下列职权：

（一）通过本社章程，章程应当由全体设立人一致通过；

（二）选举产生理事长、理事、执行监事或者监事会成员；

（三）审议其他重大事项。

**第十二条** 农民专业合作社章程应当载明下列事项：

（一）名称和住所；

（二）业务范围；

（三）成员资格及入社、退社和除名；

（四）成员的权利和义务；

（五）组织机构及其产生办法、职权、任期、议事规则；

**第二条** 农民专业合作社是在农村家庭承包经营基础上，同类农产品的生产经营者或者同类农业生产经营服务的提供者、利用者，自愿联合、民主管理的互助性经济组织。

农民专业合作社以其成员为主要服务对象，提供农业生产资料的购买，农产品的销售、加工、运输、贮藏以及与农业生产经营有关的技术、信息等服务。

**第三条** 农民专业合作社应当遵循下列原则：

（一）成员以农民为主体；

（二）以服务成员为宗旨，谋求全体成员的共同利益；

（三）入社自愿、退社自由；

（四）成员地位平等，实行民主管理；

（五）盈余主要按照成员与农民专业合作社的交易量（额）比例返还。

**第四条** 农民专业合作社依照本法登记，取得法人资格。

农民专业合作社对由成员出资、公积金、国家财政直接补助、他人捐赠以及合法取得的其他资产所形成的财产，享有占有、使用和处分的权利，并以上述财产对债务承担责任。

**第五条** 农民专业合作社成员以其账户内记载的出资额和公积金份额为限对农民专业合作社承担责任。

**第六条** 国家保护农民专业合作社及其成员的合法权益，任何单位和个人不得侵犯。

**第七条** 农民专业合作社从事生产经营活动，应当遵守法律、行政法规，遵守社会公德、商业道德，诚实守信。

**第八条** 国家通过财政支持、税收优惠和金融、科技、人才的扶持以及产业政策引导等措施，促进农民专业合作社的发展。

# 农民专业合作社法

中华人民共和国主席令
第五十七号

《中华人民共和国农民专业合作社法》已由中华人民共和国第十届全国人民代表大会常务委员会第二十四次会议于2006年10月31日通过，现予公布，自2007年7月1日起施行。

中华人民共和国主席　胡锦涛
二〇〇六年十月三十一日

## 第一章　总　则

**第一条**　为了支持、引导农民专业合作社的发展，规范农民专业合作社的组织和行为，保护农民专业合作社及其成员的合法权益，促进农业和农村经济的发展，制定本法。

关于支持有条件的农民专业合作社承担国家有关
  涉农项目的意见 ································· (89)
工商总局、农业部关于进一步做好农民专业合作社
  登记与相关管理工作的意见 ····················· (93)

# 村合作经济组织财务制度（试行）

第一章　总　则 ······································· (98)
第二章　资金筹集 ···································· (99)
第三章　流动资产 ··································· (100)
第四章　固定资产及其他资产 ····················· (103)
第五章　对外投资 ··································· (106)
第六章　经营收支、收益及其分配 ················ (108)
第七章　财务报表和财务档案 ····················· (110)
第八章　民主理财 ··································· (111)
第九章　财会人员 ··································· (112)
第十章　附　则 ······································ (114)
附　录
  农村集体经济组织审计规定 ····················· (115)
  农村集体经济组织财务公开规定 ················ (121)
  农村合作金融机构社团贷款指引 ················ (128)

# 目　　录

## 农民专业合作社法

第一章　总　则 ………………………………………… (1)
第二章　设立和登记 …………………………………… (3)
第三章　成　员 ………………………………………… (4)
第四章　组织机构 ……………………………………… (6)
第五章　财务管理 ……………………………………… (9)
第六章　合并、分立、解散和清算 …………………… (10)
第七章　扶持政策 ……………………………………… (12)
第八章　法律责任 ……………………………………… (13)
第九章　附　则 ………………………………………… (14)

附　录
　农民专业合作社登记管理条例 ……………………… (15)
　农村资金互助社管理暂行规定 ……………………… (23)
　农民专业合作社示范章程 …………………………… (38)
　农民专业合作社年度报告公示暂行办法 …………… (55)
　农民专业合作社示范社创建标准（试行） ………… (59)
　国家农民专业合作社示范社评定及监测暂行办法 … (64)
　农业部关于加快发展农机专业合作社的意见 ……… (73)
　国家林业局关于促进农民林业专业合作社发展的
　　指导意见 …………………………………………… (79)

— 1 —

高法制观念，增强全社会依法办事意识具有重要作用。特别是在广大农村进行普法教育，是提高全民法律素质的需要。

多年来，我国在农村实行的改革开放取得了极大成功，农村发生了翻天覆地的变化，广大农民生活水平大大得到了提高。但是，由于历史和社会等原因，现阶段我国一些地区农民文化素质还不高，不学法、不懂法、不守法现象虽然较原来有所改变，但仍有相当一部分群众的法制观念仍很淡化，不懂、不愿借助法律来保护自身权益，这就极易受到不法的侵害，或极易进行违法犯罪活动，严重阻碍了全面建成小康社会和新农村步伐。

为此，根据党和政府的指示精神以及普法规划，特别是根据广大农村农民的现状，在有关部门和专家的指导下，特别编辑了这套《全国普法学习读本》。主要包括了广大人民群众应知应懂、实际实用的法律法规。为了辅导学习，附录还收入了相应法律法规的条例准则、实施细则、解读解答、案例分析等；同时为了突出法律法规的实际实用特点，兼顾地方性和特殊性，附录还收入了部分某些地方性法律法规以及非法律法规的政策文件、管理制度、应用表格等内容，拓展了本书的知识范围，使法律法规更"接地气"，便于读者学习掌握和实际应用。

在众多法律法规中，我们通过甄别，淘汰了废止的，精选了最新的、权威的和全面的。但有部分法律法规有些条款不适应当下情况了，却没有颁布新的，我们又不能擅自改动，只得保留原有条款，但附录却有相应的补充修改意见或通知等。众多法律法规根据不同内容和受众特点，经过归类组合，优化配套。整套普法读本非常全面系统，具有很强的学习性、实用性和指导性，非常适合用于广大农村和城乡普法学习教育与实践指导。总之，是全国全民普法的良好读本。

# 前 言

习近平总书记指出:"推进全民守法,必须着力增强全民法治观念。要坚持把全民普法和守法作为依法治国的长期基础性工作,采取有力措施加强法制宣传教育。要坚持法治教育从娃娃抓起,把法治教育纳入国民教育体系和精神文明创建内容,由易到难、循序渐进不断增强青少年的规则意识。要健全公民和组织守法信用记录,完善守法诚信褒奖机制和违法失信行为惩戒机制,形成守法光荣、违法可耻的社会氛围,使遵法守法成为全体人民共同追求和自觉行动。"

中共中央、国务院曾经转发了中央宣传部、司法部关于在公民中开展法治宣传教育的规划,并发出通知,要求各地区各部门结合实际认真贯彻执行。通知指出,全民普法和守法是依法治国的长期基础性工作。深入开展法治宣传教育,是全面建成小康社会和新农村的重要保障。

普法规划指出:各地区各部门要根据实际需要,从不同群体的特点出发,因地制宜开展有特色的法治宣传教育坚持集中法治宣传教育与经常性法治宣传教育相结合,深化法律进机关、进乡村、进社区、进学校、进企业、进单位的"法律六进"主题活动,完善工作标准,建立长效机制。

特别是农业、农村和农民问题,始终是关系党和人民事业发展的全局性和根本性问题。党中央、国务院发布的《关于推进社会主义新农村建设的若干意见》中明确提出要"加强农村法制建设,深入开展农村普法教育,增强农民的法制观念,提高农民依法行使权利和履行义务的自觉性。"多年普法实践证明,普及法律知识,提

# 图书在版编目（CIP）数据

专业合作法律法规／李勇主编．-- 汕头：汕头大学出版社（2021.7重印）

（信用合作法律法规学习读本）

ISBN 978-7-5658-3202-4

Ⅰ.①专… Ⅱ.①李… Ⅲ.①农村-信用合作社-金融法-中国-学习参考资料 Ⅳ.①D922.282.4

中国版本图书馆 CIP 数据核字（2017）第 255316 号

专业合作法律法规　　　　　　　　ZHUANYE HEZUO FALÜ FAGUI

主　　编：李　勇
责任编辑：邹　峰
责任技编：黄东生
封面设计：大华文苑
出版发行：汕头大学出版社
　　　　　广东省汕头市大学路 243 号汕头大学校园内　邮政编码：515063
电　　话：0754-82904613
印　　刷：三河市南阳印刷有限公司
开　　本：690mm×960mm 1/16
印　　张：18
字　　数：226 千字
版　　次：2017 年 10 月第 1 版
印　　次：2021 年 7 月第 2 次印刷
定　　价：59.60 元（全 2 册）

ISBN 978-7-5658-3202-4

版权所有，翻版必究
如发现印装质量问题，请与承印厂联系退换

全国普法学习读本

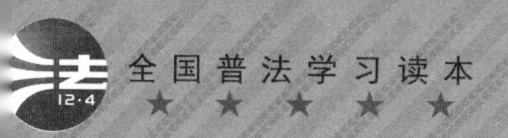

信用合作法律法规学习读本

# 专业合作法律法规

李勇 主编

汕头大学出版社